¡bordar!

Cath Kidston®

FOTOGRAFÍA DE PIA TRYDE

¡bordar!

BLUME

Introducción

El reciente y vivo interés por la artesanía –y las labores de costura en concreto– ha pasado de ser algo minoritario a un movimiento mucho más amplio, ¡y todo apunta a que no desaparecerá! Resulta increíble ver cuántas personas, de todas las edades, disfrutan con las labores manuales. Hace unos años muchas de mis amigas no tenían ni idea de cómo coser un botón, y menos aún pensaban en embarcarse en labores más complejas. Por eso me parece estupendo que por fin haya más gente interesada por la costura.

Mis libros anteriores, *¡Crear!* y *¡Coser!*, presentaban una amplia variedad de proyectos de bordado, *appliqué* y costura inspirados en mis telas estampadas. Cuando empecé a planificar *¡Bordar!*, quise ir más allá, y encontré el modo de incorporar estos diseños a proyectos guiados que se centraran en otra técnica tradicional. Los tapices de bordado eran la opción natural.

Cuando rememoro mi infancia, me doy cuenta de que los tapices gozaban de una enorme popularidad, y no solo porque podían llevarse a todas partes. Mi madre no salía de casa sin su bolso de costura y siempre tenía un proyecto en marcha, ya fuera una funda de cojín o una para gafas. También teníamos una alfombra asombrosa que mi abuela había confeccionado a mano. Dibujó un retrato de su casa directamente sobre un gran lienzo y tuvo la paciencia de ir llenando los contornos con hilos de lana de colores minuciosamente elegidos y en una amplia variedad de puntos.

Lo que más me atrae de las labores de bordado es que los conceptos esenciales son muy fáciles de aprender y llevar a la práctica, pero los resultados son increíblemente efectivos. En un breve espacio de tiempo podrá conseguir efectos maravillosos. Cuando empecé a traspasar mis diseños a lámina, en seguida me di cuenta de que también funcionaban como patrones de punto de cruz. La verdad es que contaba con menos experiencia en este ámbito, pero pronto descubrí sus infinitas posibilidades...

Y es igual de sencillo que el bordado: ¡solo tiene que seguir el dibujo del patrón e ir contando los puntos!

Tuve que reducir mi selección a un total de quince patrones y motivos, pero encontrará numerosos diseños antiguos y conocidos, como el vaquero y la casita, junto a otros más innovadores. Cada motivo se interpreta de dos maneras, en distintas combinaciones de colores, y me encantó descubrir la versatilidad y facilidad con que su delicadeza y detalle se traducen en las labores de punto de cruz y las de bordado. La punta de cerezas, por ejemplo, es un maravilloso diseño con punto de cruz repetido, pero un único motivo en punto gobelino crea insignias igual de efectivas.

Todos los conocimientos técnicos y los puntos se detallan en el capítulo introductorio, de manera que las principiantes puedan abordar su primer proyecto con confianza y las bordadoras más experimentadas puedan poner al día sus conocimientos. Algunas

piezas son muy rápidas de hacer y resultan sencillas para alguien que está empezando.
En cambio, otros diseños, como el cojín de silla de flores y la alfombra de rayas,
requieren más perseverancia.

Espero que le resulte fácil empezar. El libro incluye todas las explicaciones
necesarias para confeccionar las labores propuestas. Encontrará instrucciones detalladas
y una lámina para cada proyecto. Ahora estoy totalmente enganchada a mi último tapiz
(que a menudo bordo delante del televisor)... ¡Espero que coincida conmigo en que
el bordado y el punto de cruz son tan placenteros como adictivos!

Cath Kidston

Información básica

En las próximas páginas encontrará todo cuanto necesita saber sobre el bordado y el punto de cruz, desde consejos sobre materiales de costura y equipamiento hasta instrucciones detalladas e ilustradas para aplicar los puntos. He añadido numerosos consejos y recomendaciones para lograr acabados perfectos, así como información básica de carácter técnico sobre cómo transformar todas sus labores de bordado en un proyecto terminado.

Conceptos básicos sobre el bordado

Algunos de los proyectos de este libro se elaboran con punto de cruz, mientras que otros se bordan sobre lienzo o cañamazo. Pero ¿con qué nombre se conoce a esta técnica: bordado sobre cañamazo, una labor sobre lienzo, un tapiz o un bordado con hilos de lana? Hay tantas opiniones como nombres y, aunque las cuatro denominaciones son más o menos intercambiables, yo prefiero la primera: bordado.

El bordado se trabaja con lana (y a veces con hilo de bordado) sobre un cañamazo de trama abierta. Esta superficie queda totalmente cubierta por los puntos, así que a diferencia del punto de cruz, el diseño siempre tiene un fondo de tejido tupido. Se trata de una técnica maravillosamente versátil: la he utilizado para confeccionar numerosos complementos y utensilios para el hogar, desde un bolso de mano hasta una alfombra.

Para empezar solo necesita tres piezas: un fragmento de cañamazo, una aguja y lana.

CAÑAMAZO

El lienzo o cañamazo de bordado está elaborado con un punto de algodón muy tupido y rígido. Se compone de una sucesión de filamentos verticales y horizontales –la urdimbre–, que le da una apariencia de malla. Los puntos se aplican en los espacios entre hilos. Tiene nombres distintos según el número de agujeros que haya por cada 2,5 cm. Es lo que se conoce como «calibre»: cuanto menor sea el número, mayor será la sucesión de puntadas. Así pues, un cañamazo de calibre 12 es de tamaño inferior a uno para alfombra de calibre 5. La lista de «materiales» de cada proyecto especifica el tamaño y el calibre del cañamazo que necesita.

Puede comprar el cañamazo en retales previamente cortados o a partir de un rollo de tela blanca o antigua (sin blanquear). Busque siempre la mejor calidad, ya que será menos propensa a la distorsión a medida que aplique los puntos: compruebe que el cañamazo no sea demasiado rígido y que las hebras no estén deshilachadas.

Existen distintos tipos de lienzo:

• El cañamazo entrelazado simple se utiliza para el punto de media cruz y el gobelino. La malla torcida sujeta las puntadas de modo que no resbalen entre los hilos tejidos.

• El cañamazo simple es idóneo para diseños de punto recto, como el cojín Bargello, el bolso *hippie* y las aplicaciones de punto gobelino continental. Elija la versión «de luxe» si puede encontrarla.

• El cañamazo doble o Penélope se teje a partir de pares de hilos, y sirve para el punto de media cruz. En el bordado sobre cañamazo tradicional, se utiliza para las técnicas avanzadas de bordado de tramas y medio punto.

AGUJAS

Las agujas de tapiz tienen un extremo despuntado con el fin de no partir las hebras del cañamazo ni dañar las puntadas que ya ha cosido. También tienen un ojo largo y amplio para dar cabida a hebras gruesas. Vienen en distintos tamaños según las tramas de los lienzos: cuanto menor sea el número, más gruesa será la aguja.

Compre un paquete mixto de agujas y elija una que pase por los agujeros del cañamazo sin tener que apartar los hilos, pero sin que pase de forma muy holgada. La aguja de tamaño 18 es la estándar en un cañamazo de calibre 10, la de 20 se utiliza para un lienzo de calibre 12 o 14, y la delicada de tamaño 22 se emplea en lienzos de calibre 16. Es posible que necesite una aguja muy grande de 14 para la alfombra, ya que es capaz de retener hasta tras filamentos de lana a la vez.

HILO

Los proyectos de bordado con lana se tejen con hilo de tapizar DMC. Es una lana suave de una sola hebra de cuatro capas que se vende en madejas de 8 m. Está disponible en una amplia variedad de colores (encontrará los colores equivalentes de la gama Anchor en las págs. 154-155).

Las hebras del hilo de bordado son una alternativa interesante a la lana. Cosa con las seis hebras al mismo tiempo y enhebre la aguja con hilo de lana. Encaje el cañamazo en el bastidor para mantener la regularidad de los puntos.

CORTAR EL HILO

Verá que las madejas de lana están recogidas con dos tiras de papel, y que la inferior es más ancha que la otra. No sucumba a la tentación de retirar esos papeles de sujeción porque, de lo contrario, los hilos quedarán enmarañados. Para sacar el hilo, sostenga la madeja por la tira superior estrecha y tire suavemente del cabo suelto de hilo que está en la parte inferior.

El hilo tiene que pasar de un lado a otro del lienzo muchas veces. Para evitar que se deshilache, trabaje con un filamento de unos 50 cm. Cuando empiece a pasar los puntos, descubrirá que el hilo se da la vuelta. Si eso es lo que ocurre, sostenga la labor boca abajo y teja con la aguja en ese sentido a medida que el hilo recupera su posición.

ENHEBRAR LA AGUJA

Existe un truco para pasar el cabo deshilachado de una madeja por el ojo estrecho de una aguja de tapizado. Sosténgala por el extremo superior y, con la otra mano, doble los 3 cm últimos del hilo sobre la punta. Haga deslizar el hilo hasta que se tense y sostenga el lazo resultante entre el dedo y el pulgar. Deslice la aguja hacia fuera y haga pasar el ojo de la aguja por el lazo.

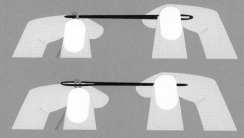

EMPEZAR Y TERMINAR

¡Ahora ya puede empezar! Como ocurre en otros muchos aspectos del bordado, hay distintas formas de empezar y terminar los puntos, pero este es el método utilizado por las bordadoras profesionales y proporciona un acabado perfecto.

• NUDO SOBRANTE

Haga un nudo al final del hilo y lleve la aguja desde el revés al derecho a unos 2 cm hacia la izquierda del punto de partida. A medida que vaya avanzando, la hebra de atrás quedará sujeta en el lienzo por los puntos. Cuando quede cubierta, simplemente corte el nudo cerca del lienzo.

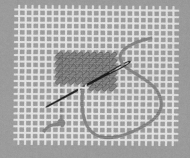

• EXTREMO SOBRANTE

Si utiliza un bastidor, puede terminar de un modo parecido. Lleve los últimos 6 cm de hebra a una zona que todavía tenga que tejerse, a unos 3 cm del extremo de la hilera. Aplique un punto corto, dejando suelto el cabo del lado derecho. Descosa el punto y corte el cabo cuando la hebra de la parte de atrás haya quedado cubierta.

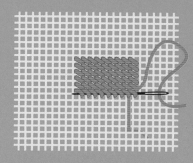

• ACABADO TEJIDO

Otro modo de rematar es haciendo pasar la aguja por debajo de los 2 cm últimos de puntadas. Corte el extremo cerca de la superficie. A veces es más fácil si el lienzo no está sujeto a un bastidor, pero puede quedar una leve protuberancia en el costado derecho. Tendrá que utilizar este método en los últimos tramos de un diseño.

Puntos básicos

Este es el punto de bordado más sencillo y versátil que siempre se utiliza en los diseños con patrón. Un punto corto e inclinado que se aplica en diagonal sobre la intersección de dos hilos sobre lienzo crea una superficie suave alisada que se parece a la de un tejido.

Para confundir aún más las cosas, hay tres maneras de aplicar el punto gobelino. Las tres tienen el mismo aspecto sobre el frontal del cañamazo ¡y tienen nombres distintos! Elija usted misma la variación que desee: yo me limitaré a explicar los distintos métodos de aplicación y las ventajas de cada uno de ellos. En las instrucciones para cada proyecto suelo recomendar el uso de punto de media cruz, aunque quizá prefiera trabajar con punto gobelino o incluso de cestería. ¡Usted elige!

PUNTO DE MEDIA CRUZ

Este método es el más económico ya que emplea menos hilo, aunque lo hace un poco menos resistente que los otros dos métodos y genera un punto ligeramente plano. Puede tejerse de un costado a otro o de arriba abajo: en el reverso verá hileras de puntos cortos en vertical u horizontal. Siempre debería aplicarse sobre un cañamazo doble o entrelazado.

Lleve la aguja hasta la parte superior del punto y pásela en diagonal, por encima de una intersección hacia la izquierda. Vuelva a subir por encima del hilo, empiece el siguiente punto y continúe hasta el final de la hilera.

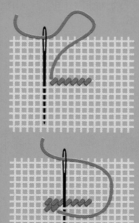

La hilera siguiente se aplica por debajo o por encima, de izquierda a derecha. Descubrirá que resulta muy útil darle la vuelta al lienzo para aplicar siempre los puntos en la misma dirección.

PUNTO GOBELINO O PUNTO GOBELINO CONTINENTAL

Se trata de mi método preferido. Es muy rápido de hacer sin un bastidor, ya que se puede insertar y sacar la aguja de un solo golpe en cada punto. También puede trabajarse en hileras horizontales o verticales de puntos más anchos. En el revés del lienzo aparece como una línea de puntos largos al sesgo. Como requiere más lana, le da un acabado más grueso a la labor. Puede utilizar cañamazo simple, entrelazado o doble.

Trabaje la primera hilera de derecha a izquierda. Empiece por la parte inferior del primer punto y haga avanzar la aguja en diagonal hacia la derecha por encima de una intersección. Saque la puntada por la izquierda, por detrás de dos intersecciones, y pásela por el agujero siguiente. Siga hasta el final de la hilera.

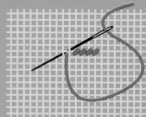

La próxima hilera se aplica por encima o debajo de la primera en dirección opuesta, de izquierda a derecha. Una vez más, trate de darle la vuelta al cañamazo para que la dirección de los puntos siga siendo constante.

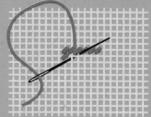

PUNTO DE CESTERÍA

Se aplica en diagonal, tanto sobre un cañamazo simple como doble, ya que no distorsiona demasiado la base. Suele recomendarse para fondos y, como tiene un reverso acolchado, se ha utilizado tradicionalmente para confeccionar fundas de asiento. El reverso hace honor a su nombre, ya que la malla tiene una apariencia muy tupida. Requiere el doble de hilo que el medio punto de cruz.

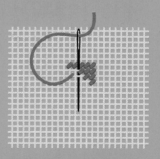

Empezando por el extremo superior derecho, aplique los dos primeros puntos en vertical al igual que el punto gobelino. Inserte el tercer punto junto al primero, y el cuarto junto al tercero.

Puntos avanzados

La mayoría de las labores de bordado de este libro, especialmente los diseños más detallados basados en mis telas estampadas, se trabajan por completo en punto gobelino, lo cual crea una imagen casi pixelada. Sin embargo, existen otros muchos puntos de bordado que añaden textura y detalle. A continuación explico los que he utilizado.

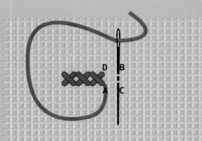

PUNTO DE CRUZ

Para conseguir un aspecto de volumen, los puntos de cruz se cosen de forma individual en vez de en dos fases. Trabaje sobre dos intersecciones en un cañamazo de calibre 12 o 10, pero hágalo sobre una intersección sencilla con hilo doble para un cañamazo de alfombra de calibre 5.

Aplique un punto ligeramente oblicuo desde A a B, y luego otro desde C a D. Repítalo hasta terminar la hilera.

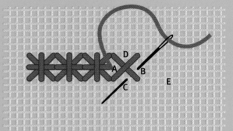

PUNTO DE CRUZ DOBLE

Este punto también recibe un nombre bastante poético: «punto Leviatán» o «cruz de Esmirna». Se consigue cosiendo una cruz recta sobre un punto de cruz sencillo. Se aplica sobre una intersección de cuatro hilos.

Aplique un punto de cruz sencillo, luego continúe con uno horizontal de A a B y uno vertical de C a D. Empiece la siguiente cruz doble en E, luego continúe de la misma manera.

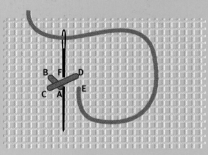

PUNTO DE CRUZ DE BRAZO LARGO

Este punto de costura consta de una hilera de cruces asimétricas superpuestas que producen un contorno sólido parecido a un trenzado. Se aplica sobre dos intersecciones horizontales y cuatro verticales.

Empiece la hilera con un punto en diagonal de A a B. La primera cruz se aplica de C a D y después de E a F. Salga de nuevo en A para preparar el siguiente punto.

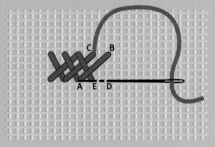

PUNTO TRENZADO

Se trata de una versión más amplia del punto de cruz de brazo largo. Se aplica sobre dos, tres o cuatro intersecciones horizontal, según el ancho requerido.

El primer punto se aplica de A hasta B y el segundo, de C hasta llegar a D. Empiece la siguiente cruz en E y repita a lo largo de la hilera.

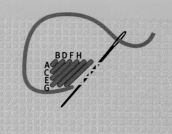

PUNTO GOBELINO AL SESGO

Se trata de un punto versátil que puede aplicarse sobre dos, tres o cuatro intersecciones. Utilicé bloques de este punto para las paredes de ladrillo del cojín con motivo de casa y las líneas verticales de los tejados, invirtiendo la dirección de la inclinación en hileras alternadas.

Según la profundidad de la hilera, empiece con uno, dos o tres puntos al sesgo que miren hacia arriba en la esquina superior izquierda, aplicados de A a B, de C a D y de E a F. La sección G a H es la primera en quedar completa: repita hasta el final de la hilera y llene el espacio triangular con puntos más cortos.

PUNTO DE COJÍN

Estos cuadrados pequeños se componen de cinco puntos graduados en diagonal. Puede aplicarlos en la misma dirección o alternar el sesgo cada dos hileras para dar una mayor variación. Los dos métodos se utilizan en los cojines a topos de la pág. 38.

El primer cuadrado se aplica de A a B, de C a D, de E a F, de G a H, y de I a J. Siga trabajando de derecha a izquierda, empezando por el siguiente cuadrado en K. Las hileras de puntos también pueden aplicarse en vertical, pero los cuadrados siempre deben formar una fila.

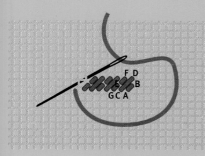

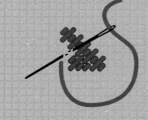

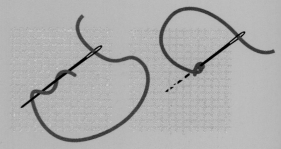

PUNTO MOSAICO

Se trata de una versión reducida del punto de cojín y es un relleno versátil. Lo utilicé en el cojín con flores eléctricas de la pág. 59 y en el tope para puerta de la pág. 120. El punto mosaico también puede aplicarse en vertical y puede variar la dirección del sesgo, si así lo desea.

Aplique el primer cuadrado de A a B, hasta D y de E a F. Empiece el siguiente cuadrado en G y continúe tejiendo de derecha a izquierda.

PUNTO DE FLORENCIA

Se compone de hileras diagonales en una alternancia de puntos largos y cortos. Sirve de relleno y aporta una textura interesante.

Empiece la primera hilera en la parte superior izquierda con dos puntos en diagonal de A a B y de C a D. Repita tantas veces como sea necesario avanzando hacia abajo. La hilera siguiente se aplica hacia arriba, de modo que los puntos largos y cortos se entrelacen. Varíe su longitud para llenar el espacio.

NUDOS FRANCESES

No pude resistirme a estos pequeños nudos redondos para preparar los ventanales de los cojines con el motivo de la casa, aunque no suelen encontrarse en el catálogo de puntos de bordado. Primero practique esta técnica hasta llegar a dominarla.

Envuelva dos veces el hilo alrededor de la aguja para hacer dos lazos. Mantenga firme el hilo e inserte la aguja en el cañamazo a un hilo de distancia del agujero del que salió.

El punto de cruz

Desde hace tiempo, el punto de cruz es una técnica popular de bordado. Es sencilla y versátil, a la vez que resulta fácil de aprender, ya que se aplica sobre una tela de entramado cuadrado. De este modo, todos los puntos quedan perfectamente regulares desde el principio.

Quería que este libro diera un enfoque nuevo a mi viejo punto preferido, y pasé un rato muy interesante repasando todos mis diseños en busca de los que pudieran traducirse bien en punto de cruz. Siento una predilección especial por el motivo diáfano y animado del velero, y lo interpreté a dos escalas distintas. El pequeño saquito de lavanda con espiga y el protector de tetera a topos son labores idóneas para principiantes (y ambas se confeccionan muy rápido). Pero si busca una labor más larga, puede elegir el encantador retrato de la casita. Lo más interesante es que la técnica básica es la misma en los cuatro casos.

TELA
La mayor parte de los proyectos se trabajan con un cañamazo de punto de cruz algo rígido, conocido también como «cañamazo Aída», y está diseñado especialmente para el punto de cruz. Tiene una urdimbre de bloques, lo cual aporta a la superficie un patrón de cuadrados tejidos con agujeros en las esquinas. Cada punto se aplica sobre un único bloque. Cuanto más juntos estén los agujeros, más delicados serán los puntos y, por tanto, el diseño será más detallado. Al igual que el lienzo, el cañamazo de punto de cruz se gradúa según el número de agujeros por 2,5 cm. Utilicé uno de gran escala de 8 tramas por 2,5 cm para el velero, uno de tamaño medio de calibre 11 para la bolsa de tejer con motivo de ramo de flores, y uno más delicado de calibre 14 Aída para las bolsitas de lavanda. Está disponible en color blanco, crudo y una gama de tonos pasteles y brillantes.

CAÑAMAZO SOLUBLE
Se trata de una maravillosa innovación que permite coser diseños con punto de cruz sobre prendas de ropa, lino o tela vaquera. De hecho, sobre cualquier tela que no tenga una urdimbre regular. Se parece a un fino plástico transparente y viene con una serie de agujeritos aplicados sobre un patrón, como ocurría con el cañamazo Aída de calibre 14. Corte un retal algo más grande que su diseño acabado y únalo a la entretela. Borde el diseño del modo habitual y luego lave el proyecto acabado con agua caliente para disolver el cañamazo. Asegúrese de que la tela ya se haya encogido antes de empezar a tejer, por si acaso.

AGUJAS
Al igual que con las labores de bordado sobre cañamazo, trabaje con una aguja despuntada que no deteriore la tela ni rompa los puntos. A veces las agujas de tapicería fina reciben el mismo nombre que las del punto de cruz: elija un tamaño 26 para un Aída de calibre 14 o un tamaño 24 para un calibre 11. Puede incluso añadir un toque lujoso a su labor utilizando agujas doradas, que además se deslizan fácilmente por la tela. Si está usando un lienzo soluble, necesitará una aguja común de bordado con un ojo largo y una punta afilada para penetrar en la entretela.

HILO DE BORDADO ESTÁNDAR
Todos los proyectos de punto de cruz se trabajan con hilo de bordado o hilo de seda. Este algodón brillante se produce en una maravillosa variedad de colores, y he elegido las tonalidades que se corresponden con mi paleta distintiva de colores. Viene en madejas de 8 m y se compone de seis hebras delicadamente tejidas de algodón suave, que luego se enroscan sin tensión. Los filamentos pueden separarse y recombinarse según el tamaño del punto. Los diseños delicados de calibre 14 sobre cañamazo Aída y lienzo soluble solo utilizan dos hebras. En cambio, los diseños de calibre 11 utilizan cuatro hebras, y en los proyectos a mayor escala de calibre 8 necesitará las seis hebras. En la lista de «materiales» para cada proyecto encontrará detalles sobre la cantidad de hilo necesaria y una referencia para cada color. Los números se refieren a la gama DMC, pero los tonos equivalentes de otros dos fabricantes –Anchor y Madeira– se incluyen en los listados de las págs. 154-155.

Conceptos previos

PREPARAR EL HILO

Las madejas están diseñadas para poder sacarl el hilo con facilidad, pero debe asegurarse de tirar en la dirección correcta o, de lo contrario, las enmarañará. Sostenga la madeja por la tira corta de papel en la parte superior y tire hacia abajo en el cabo suelto de hilo del extremo inferior. Necesitará un largo de unos 50 cm para trabajar: si es más, el tejido se deshilachará antes de que acabe y los puntos tendrán un aspecto poco pulido.

Sostenga el hilo por la mitad, con suavidad pero firmeza, entre el dedo y el pulgar, y tire del extremo de una sola hebra con la otra mano. Retire el filamento de la madeja, manteniendo la tensión de manera que las otras cinco hebras no se enmarañen. Vaya retirando de este modo la cantidad de hebras individuales que necesite y dispóngalas juntas una al lado de la otra. Enhébrelas al mismo tiempo utilizando la misma técnica del hilo de tapiz de la pág. 15.

EMPEZAR Y TERMINAR

Quizá parezca evidente, pero siempre debe empezar y terminar un tramo de hebra de la forma correcta. Los nudos dejan bultitos en el reverso de la tela, y los cabos mal terminados tienen la mala costumbre de deshacerse. Siga las siguientes recomendaciones y su labor siempre tendrá una apariencia lisa y regular.

COMIENZO INVISIBLE

Cuando trabaje con un número impar de hebras, existe un modo ingenioso de empezar sin hacer un nudo. Corte un metro de hilo y separe una, dos o tres hebras. Doble la hebra o hebras por la mitad y enhebre los cabos cortados. Inserte la aguja en A, la posición de inicio del próximo punto de media cruz, y llévelo de vuelta a la posición final B, dejando que el lazo quede sobre la superficie de la tela. Pase la aguja por su interior y tire suavemente del hilo para formar el primer punto de media cruz. Pase de nuevo la aguja por el punto B

y luego siga tejiendo de la forma habitual. Tenga cuidado de no tirar demasiado del lazo, ya que podría distorsionar la tela. Una advertencia: asegúrese de estar en la posición adecuada si empieza de esta manera, porque no es fácil de deshacer.

NUDO SOBRANTE

Cuando trabaje con un número impar de hebras, utilice un nudo sobrante al igual que en el bordado sobre cañamazo. Enhebre la aguja y anude el otro extremo. Inserte la aguja desde el derecho, a unos 3 cm del punto en el que empieza el punto siguiente y en una posición en la que el hilo suelto quede atrapado en el revés por los puntos de cruz. Siga tejiendo en dirección al nudo y recórtelo cerca de la superficie cuando el hilo ya haya quedado bien sujeto.

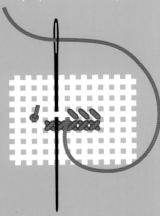

ACABADO

Dé media vuelta a la labor cuando haya terminado de aplicar el último punto. Deslice la aguja horizontalmente por debajo de los puntos rectos del revés unos 2 cm y luego pase la aguja de modo que el hilo quede por debajo de los puntos. Recorte el cabo, dejando un sobrante de unos 3 mm. No tense el hilo o el punto final quedará desencajado.

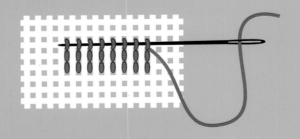

CÓMO BORDAR EN PUNTO DE CRUZ

Cada punto de cruz se compone de dos puntos de media cruz en diagonal, uno aplicado sobre el otro. Para dar un aspecto profesional a su labor de bordado, aplíquelos de manera que las segundas mitades de la cruz discurran en la misma dirección. No importa el sentido, siempre que todas vayan a la par.

HILERAS EN PUNTO DE CRUZ

Es la forma más rápida de cubrir grandes superficies y no gasta mucho hilo. En el reverso se verán hileras de puntos rectos y cortos. Trabaje en hileras horizontales de derecha a izquierda a derecha o de izquierda a derecha. No importa la dirección, siempre que los segundos puntos de cada cruz se apliquen en el mismo sentido para producir una superficie lisa y regular. Le resultará más fácil trabajar en filas verticales para preparar el relleno del diseño.

Empiece en la esquina inferior derecha, en A, y avance en diagonal hasta B para tejer el primer punto de media cruz. Repítalo hasta el final de la hilera.

Empiece la segunda hilera de puntos en C e inserte la aguja en D. Siga tejiendo de izquierda a derecha hasta que todos los medios puntos queden cubiertos.

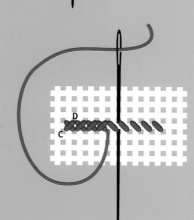

PUNTOS DE CRUZ SIMPLE

Suba a la posición A y pase la aguja en diagonal hasta B para hacer la primera mitad del punto de cruz. El segundo punto se trabaja de C a D. Puede aplicar una hilera corta de este modo, empezando la próxima cruz en C y avanzando de derecha a izquierda.

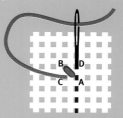

LÍNEAS EN DIAGONAL

Cada punto de cruz de una línea en diagonal se aplica por separado. Puede necesitar esta técnica para tejer letras o para contornos que formen un ángulo. Aplique el primer punto de A a B y de C a D, y luego salga en E para empezar el siguiente punto. Se trabaja de E a F y de G a C. Repita el proceso asegurándose de que los puntos superiores discurren en la misma dirección.

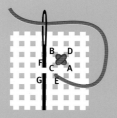

Preparativos

PREPARAR EL FONDO

Tanto si está a punto de embarcarse en una labor de bordado o un proyecto de punto de cruz, tendrá que preparar la tela de fondo antes de empezar a tejer. El cañamazo Aída puede estar arrugado y el lienzo puede enrollarse con facilidad, así que lo primero que hay que hacer es planchar bien la superficie. Si utiliza cañamazo soluble, lave primero la prenda o el tejido si no lo ha hecho antes.

Aunque pueda parecer una pérdida de tiempo, merece la pena dedicar un momento a pulir los bordes del cañamazo Aída con una costura estrecha cosida a mano o a máquina en zigzag: así evitará que se deshilache. Si no utiliza bastidor, proteja los cuatro costados del lienzo con cinta adhesiva o, de lo contrario, las hebras se saldrán por los bordes (y si utiliza un bastidor, y le apetece hacerlo, también puede proteger las esquinas). Pero asegúrese de no emplear una cinta adhesiva barata o, de lo contrario, se despegará.

MARCAR EL CENTRO

La mayoría de proyectos empiezan con la indicación de marcar el centro de la tela. Esto le proporciona una guía para situar los puntos, que a la vez se corresponde con las líneas vertical y horizontal centrales que aparecen en cada patrón. También le permite asegurar que la urdimbre quede en una posición recta con el bastidor. Doble el lienzo o el cañamazo en cuartos y cosa una línea de punto continuo sobre cada pliegue. Utilice un hilo de coser de un color vivo y cosa siguiendo una única línea de agujeros: luego podrá deshacerla sin problema cuando termine la labor.

BASTIDOR

Conservar la tensión de la labor en un bastidor ayuda a mantener la regularidad de los puntos. Esto es especialmente importante en el bordado sobre cañamazo: un grado de distorsión resulta inevitable cuando se aplica un punto en diagonal sobre un lienzo de malla cuadrada, y para los puntos como el Bargello y el cojín, que se componen de varias hebras de cañamazo. Aun así, la decisión de utilizar o no un bastidor es una cuestión de preferencia personal. Tejer sin él significa que la labor es más manejable. Al igual que otras muchas personas, me resulta muy relajante sentarme en mi sillón con la labor en el regazo (¡mientras veo un programa interesante por televisión, desde luego!).

COSER CON BASTIDOR

Trabajar con un bastidor requiere un método de costura a dos manos, con una sobre el lienzo para insertar la aguja y la otra sujetando el revés, lista para tirar de él y empezar el próximo punto. La posición de cada mano depende de si se es diestro o zurdo. Si no ha cosido antes, trate de practicar algunos puntos hasta encontrar un ritmo que le resulte cómodo.

Si dispone de un bastidor antiguo con suelo o un aro sobre un soporte que pueda engancharse a una mesa, asegúrese de que quede a un nivel adecuado de manera que no tenga que levantar los brazos ni agacharse. Los marcos extensibles y enrollables pueden instalarse sobre una mesa, en los reposabrazos de una silla o sobre las rodillas, si prefiere sentarse en el suelo.

Siempre debería bordar con buena iluminación. La luz natural es ideal, pero los puntos de luz artificiales, proyectados por encima del hombro, resultan útiles en las tardes oscuras. Solamente tiene que procurar que no se proyecten sombras sobre la labor, y compruebe en todo momento los códigos de cada hilo de color puesto que pueden adoptar tonos que se ven muy distintos con la luz artificial.

TIPOS DE MARCOS

Si utiliza un bastidor, debería tener un contorno rectangular para conservar la urdimbre cuadrada del lienzo o la tela. Hay dos tipos entre los que elegir:

BASTIDORES EXTENSIBLES

Se componen de dos pares de puntales estrechos de madera que encajan en las esquinas. Puede intercambiar los pares para crear marcos de formas distintas. Los pintores utilizan estos bastidores extensibles para montar sus lienzos, y puede encontrar una amplia variedad de tamaños en una tienda de bellas artes. Los marcos más pequeños resultan muy útiles en los proyectos a escala reducida, como los estuches para lápices.

Elija un bastidor que sea del mismo tamaño que el lienzo (siempre puede dejar un margen más amplio de modo que el lienzo encaje perfectamente en el marco). Fije el punto central de cada costado del lienzo al marco con chinchetas o una grapadora, tirando ligeramente de él para crear un poco de tensión. Luego enganche las esquinas. Si las marcas del centro quedan desencajadas, ajuste las chinchetas para enderezar la urdimbre de la tela.

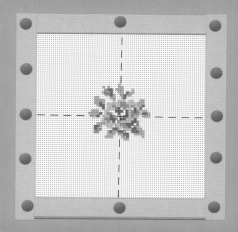

BASTIDORES

La tela de punto de cruz también puede ajustarse a un marco rectangular, aunque a la mayoría de las bordadoras les gusta usar un aro ligero de madera en el que la tela queda encajada entre dos anillos de madera. El anillo interior es sólido, y el exterior queda abierto y sujeto con un tornillo de ajuste. Los bastidores vienen en diámetros de 10 a 40 cm: encuentre un tamaño que permita dejar tela suelta alrededor de los puntos.

Afloje el tornillo para sacar el anillo exterior. Extienda la tela por el centro sobre el anillo interior y deslice el exterior por la parte superior. Tire suavemente de cada esquina de la tela para tensar. Compruebe que las líneas de punto de cruz sigan rectas y luego ajuste el tornillo.

El único problema con un bastidor es que puede dejar marcas en la labor. Si protege el anillo interior con cinta de algodón, podrá evitar este efecto y el hecho de que la tela resbale. Es una buena idea sacar esta última del marco cada vez que termine una sesión de bordado. Si está trabajando en un proyecto largo, como la bolsa de tejer, tendrá que ir moviendo el bastidor de modo que parte de él quede por encima de los puntos tejidos. Colocar una hoja de papel de seda entre la tela y el anillo externo reducirá la presión sobre los puntos: solo tiene que romper el papel del interior del anillo para que descubra la zona que se vaya a tejer.

MARCOS DE RODILLO

Los marcos de rodillo se componen de dos tablones con clavija, y a cada uno de ellos se le encaja una tira de algodón de cincha. Quedan sujetos por dos puntales esquineros que conforman una ranura en forma de V en cada extremo, que a su vez están sujetos por tornillos y tuercas. En este caso, el lienzo puede subirse o bajarse a medida que se va avanzando: si trabaja en un diseño a gran escala, solo podrá ver una parte.

El marco no debería ser más de 20 cm más ancho que el lienzo. Teja la cincha por el centro hasta la parte superior y luego el borde inferior y después cubra los flancos. Ajuste los rodillos de manera que el punto central del lienzo quede en medio del marco y después tense las tuercas de la parte superior. Estire del marco inferior hasta que el lienzo quede rígido y asegure los otros dos tornillos. Cosa los laterales del lienzo sobre los flancos con hilo grueso de modo que parezca un tambor. A medida que avance en la labor, tendrá que ir tirando de los rodillos y ajustar la sujeción de modo que el lienzo sin hacer quede dentro del marco.

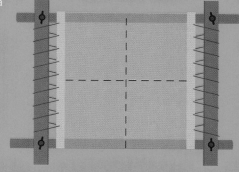

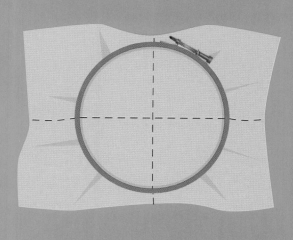

Empezar a bordar

El libro cuenta con instrucciones detalladas y precisas para cada uno de los proyectos, en que se muestra el modo en que deben tejerse los patrones y cómo aplicar el bordado. Tanto si se trata de montarlo en un marco o quiere transformarlo en un bolso con asas, todos los aspectos técnicos quedan reflejados en diagramas explicativos.

Este libro está pensado para bordadoras con distintos niveles de aprendizaje, desde la principiante hasta la más experta. Si está empezando, recomiendo uno de los proyectos más pequeños –un acerico o una insignia–, ya que son rápidos de hacer y no implican una labor de costura adicional. Para ayudarla a elegir, cada proyecto viene acompañado de una cualificación numérica, del 1 básico al 3 más complicado. Las más veteranas siempre pueden prescindir de los consejos básicos.

Diviértase con los diseños e interprételos a su gusto. Es posible que prefiera convertir el diseño de la bandera británica en un sencillo cuadro (y quedaría estupendo con un marco arañado *vintage*) o bordar el diseño de la insignia de mi perro Stanley directamente en la chaqueta de un niño utilizando cañamazo soluble. Siempre he creído que el diseño con flores eléctricas quedaría estupendo en una alfombra, tejida en cuadrados repetidos y en punto de cruz sobre un cañamazo de calibre 5 con doble hebra.

CÓMO INTERPRETAR UN PATRÓN

Los patrones de punto de cruz contado y el punto gobelino son iguales: un patrón de diminutos cuadrados coloreados en una formación de rejilla. Cada uno de estos cuadrados representa un único punto de cruz aplicado sobre un bloque de la tela de punto de cruz, o un único punto gobelino aplicado sobre una intersección del hilo. Al igual que el papel cuadriculado, la malla está dividida en líneas más gruesas cada diez cuadrados, lo cual facilita el recuento de puntos. Las líneas verticales y horizontales del centro se señalan con dos flechas, que se corresponden con dos líneas de embastes en la entretela.

Para otros puntos de bordado y los diseños Bargello, los cuadrados coloreados representan parte de un punto más largo. Los colores y los puntos exactos utilizados se explican en los primeros pasos de cada proyecto.

Para evitar que este libro se deteriore, puede hacer una fotocopia del patrón concreto sobre el que quiere trabajar, ampliándolo un poco para no forzar la vista. Al igual que con los patrones de hacer punto, tachar o borrar las zonas que ya ha tejido le ayudará a ver cómo progresa la labor. Y también le proporcionará una sensación de logro.

TARJETA DE COLORES

En la parte inferior de cada patrón hay una clave que indica el número de referencia del hilo o la hebra del bordado para cada uno de los colores. Conviene tener una tarjeta con los colores que necesita antes de iniciar un proyecto, ya que esta le dará una muestra de cada hilo que deberá corresponderse con los números. Pinche una fila de agujeros en una tira de cartón y encaje un tramo de hebra en cada uno de ellos. Luego apunte la referencia del fabricante al lado de cada tramo de modo que, si los papeles se pierden, siempre pueda saber las correspondencias de color.

Es buena idea comprar todas las madejas necesarias al mismo tiempo, especialmente para cubrir superficies grandes, puesto que los colores pueden variar de un lote a otro. No hay dos bordadoras que utilicen la misma cantidad de hebra o hilo, así que las cantidades que se indican son generosas y permiten algún descosido.

DESCOSIDOS

Por mucha atención que prestemos al recuento de puntos, siempre se cometen errores y, por fortuna, los puntos de bordado mal tejidos o desiguales tienen remedio.

Con las puntas de unas tijeras de bordado o un descosedor de costuras, atraviese el centro de cada puntada procurando no tocar la urdimbre del lienzo. Deshaga los nudos del reverso (las pinzas pueden venir bien) y utilice cinta adhesiva o un recogedor de hilos para que no quede ningún cabo suelto.

ORDEN DE TRABAJO

Enhebre la aguja con el hilo de color sobre el centro de la lámina y empiece con la agrupación de puntos que quedan más cerca de las líneas cruzadas. Cuente con atención y aplique un punto por cada cuadrado.

Si la próxima zona del mismo color queda a menos de 2,5 cm de distancia, pase el hilo por detrás de la tela y lleve la aguja hasta el punto de partida. Si está más lejos, remate y vuelva a empezar. Trate de no pasar los puntos sueltos por el revés entre los bloques de puntos, ya que pueden enmarañarse, y recuerde que los hilos de tonos oscuros se vislumbrarán entre los agujeros de la urdimbre de punto de cruz.

Como norma general, después debería seguir trabajando hacia el borde superior y luego hacia el borde inferior del diseño. Sin embargo, algunas láminas tendrán que completarse siguiendo otro orden, ya que siempre es más fácil tejer primero los contornos y luego rellenarlos. El diseño de la casita es un buen ejemplo de ello, porque se empieza con las puertas y las ventanas, y luego se van añadiendo los detalles. En cambio, los diseños de punto Bargello empiezan por el extremo superior izquierdo. Por cada proyecto también indico una forma lógica de trabajar, lo cual puede venir bien.

INMOVILIZADO Y ACABADO

Cuando al final llegue el momento de tejer el último punto, retire cuidadosamente la labor del marco. Lo único que necesita hacer con el punto de cruz es ejercer una leve presión desde el revés para allanar cualquier arruga, aunque primero debe colocar la labor boca abajo sobre una servilleta limpia.

No obstante, el bordado con cañamazo puede requerir un poco más de atención. Quizá descubra que su pulido lienzo rectangular se ha convertido en un romboide. No se preocupe: puede

«inmovilizarlo» de nuevo para deshacer esa distorsión. El tamaño, o el agente tensor, de los hilos del cañamazo es soluble al agua, así que cuando se humedezca puede devolverse a su tamaño original.

Prepare una plantilla de papel del mismo tamaño que la pieza acabada y marque el punto central de cada borde. Péguela en el centro de una tabla de dibujo y cúbrala con un trozo de papel transparente o un plástico claro que mida 5 cm más de contorno. Utilice un dosificador para humedecer los puntos y coloque el lienzo boca abajo sobre la película adhesiva. Las líneas centrales deben corresponderse con los puntos medios de la plantilla. Marque estos últimos con alfileres a unos 2 cm del borde de los puntos. Seguramente necesitará extenderlo para que encaje bien. Ajuste las cuatro esquinas y sujételas con alfileres, y luego añada más alfileres a intervalos de 2 cm. Deje la tabla en un lugar cálido para que se seque de forma natural y luego retire los alfileres del lienzo.

CUIDADOS

Tendrá que invertir muchas horas en crear sus proyectos de punto de cruz o tapicería, así que vale la pena cuidar de ellos. Las mejores labores de bordado de generaciones anteriores se valoran como obras dignas de ser heredadas. La luz directa del sol puede restar color a la labor, y recuerde que cualquier proyecto elaborado con lana al 100 % es vulnerable a las polillas. Si los puntos se ensucian, utilice un cepillo aspirador para zonas delicadas. O bien puede utilizar los pies de unas medias viejas colocadas sobre la boquilla para limpiar cualquier resto de polvo o gravilla.

Las manchas pequeñas pueden limpiarse con jabón suave y un paño húmedo, pero no se recomienda limpiar las labores porque se desgasta el agente tensor y se pueden deteriorar los puntos. No obstante, si necesita tomar medidas radicales y una de las labores está realmente sucia, remójela con agua tibia y una pastilla de jabón, y luego tiéndala para que se seque al natural. El lienzo tendría que colocarse sobre una tabla o mesa de forma similar al proceso de inmovilización. La limpieza especializada en seco es la mejor alternativa, pero puede resultar cara.

Pautas esenciales de costura

Muchos de los proyectos más pequeños pueden tejerse a mano (quizá también prefiera hacer las fundas de cojines de esta manera), pero se necesita una máquina de coser para labores de mayor envergadura, como el bolso con velero. No es necesario tener una máquina de coser de última generación, porque lo único que necesita es aplicar un punto recto y otro en zigzag de vez en cuando.

MATERIAL DE TRABAJO

Además de la lana y las agujas para el bordado, necesitará herramientas básicas de bordado y mercería. Guárdelas en un costurero, y guarde también la labor dentro de una funda de almohada vieja.

• Un paquete mixto de agujas con unas cuantas agujas de ojo largo para bordado y unas cuantas agujas más gruesas para empezar.

• Tijeras de bordado de hoja corta y punta afilada. Son fundamentales para cortar hilos y repasar nudos. Las tijeras de manicura también sirven para descoser y deshacer los puntos perdidos.

• Las tijeras de casa son útiles para cortar lienzos y deberían utilizarse para cortar los patrones de papel.

• Tijeras de sastre con hojas largas en ángulo. Son necesarias para cortes de precisión en entretelas y forros.

• Un descosedor de costuras, diseñado especialmente para atravesar puntos con seguridad. Puede resultar útil de vez en cuando.

• Los alfileres largos de sastre con cabezas redondas de cristal son lo bastante resistentes como para atravesar tejidos gruesos y se distinguen bien entre los puntos. Téngalas a mano sobre un acerico. Si no tiene uno, ¡esa podría ser su primera labor!

• El metro es esencial para calcular las longitudes de una tela.

• Los hilos de coser deberían corresponderse con el color de la entretela o el color predominante del bordado. El algodón mercerizado de número 50 es un buen hilo que sirve para todo en fibras naturales que se tejen en lienzo y telas gruesas. Elija un color de contraste para embastar de modo que los puntos destaquen.

TELAS

Seleccionar las telas y los complementos correctos es una parte fundamental de la elaboración de un proyecto: resulta muy emocionante cuando se encuentra el terciopelo, el lino o la seda perfectos para reforzar un cojín o forrar un bolso. A veces elijo un material que se coordine perfectamente con los hilos, como el lino rosa del tope para puertas, aunque también me gustan las composiciones inesperadas de colores que contrastan.

Busque telas de refuerzo que tengan un peso parecido al lienzo o el cañamazo Aída, como el lino antiguo, la tela de tapicería *vintage*, el terciopelo y mis propios estampados de algodón de dril. Las telas de lino pueden ser más ligeras, así que conviene ir en busca de algodones y tejidos de seda para vestidos y mercería. Aunque el interior de un bolso no siempre se ve, me encantan los detalles ocultos, como el satén dorado que utilicé para el forro del bolso de mano.

CORTAR

La lista de materiales de cada proyecto incluye el tamaño de la tela necesaria para la entretela y el forro. Las formas exclusivas, como el corazón de lavanda, son plantillas. Pero para los cuadrados y los rectángulos, puede confeccionar sus propias plantillas de papel. Hágalo traspasando las medidas en un trozo de papel de sastre cuadriculado y cortando por las líneas del entramado. Una las piezas con alfileres por el derecho de la tela de modo que uno de los bordes quede en paralelo con la urdimbre y, luego, recorte los bordes con las tijeras de sastre.

ALMOHADILLAS

Las almohadillas de rápida aplicación, con rellenos de pluma o poliéster, se hallan disponibles en muchos tamaños. No todos mis diseños de cojín tienen un tamaño estándar, así que es posible que tenga que hacer su propio relleno... Es muy sencillo. Corte dos piezas de calicó o terliz, cada una de ellas con un contorno de 2 cm más grande que el tamaño de la almohadilla. Una con alfileres por el borde y luego cosa a máquina con una costura de 2 cm. Deje un hueco de 10 cm en un costado. Repase las esquinas y planche el margen de la costura, incluido el que discurre por la abertura. Dé la vuelta a la labor por la hendidura. Forre el hueco con relleno de cojín de poliéster, una fibra holgada que puede encontrar en mercerías o en tiendas de ropa para el hogar. Prenda con alfileres las dos caras de la hendidura y cosa a mano o a máquina para cerrarla.

Toques finales

Los detalles son lo que infunde personalidad a cualquier labor de bordado. Por eso siempre me gusta invertir tiempo en planificar mis proyectos... ¡Aunque luego cambie de opinión! Supe que las asas del bolso de tejer eran las correctas en cuanto las vi, pero el cojín Bargello de la pág. 34 llevaba al principio un ribete de trenza roja *vintage*. Después me crucé con la alegre puntilla de flecos y borlas, y supe que era una alternativa mejor, así que tuve que desprenderme del trenzado de lana. No tenga miedo de hacer cambios si es para perfeccionar el toque final.

PASAMANERÍA

Esta evocadora palabra de origen francés se define como «decoración ornamental o adorno» y abarca toda una amplia variedad de acabados de confección, desde flecos hasta cordoncillos y trenzas.

• El cordoncillo, una cuerda enroscada de algodón con un ribete estrecho de tela, crea un contorno coloreado en el borde de un cojín o un estuche acolchado. Se cose entre los paneles delantero y trasero, tanto a mano como a máquina. Se trata de una técnica avanzada, aunque puede conseguir un resultado parecido cosiendo un cordoncillo a mano alrededor de una costura acabada. Para acabar, abra una pequeña ranura en la costura cerca de la esquina, tire de los extremos del cordón por la ranura y ciérrelos con unas cuantas puntadas.

• Los flecos de borlas tienen un atractivo irresistible y muy animado. Al igual que con el cordoncillo, pueden añadirse a una funda de cojín cuando se añade el relleno, aunque siempre es más fácil incluirlos al final y a mano. Colóquelos de modo que los bordes tejidos queden sobre el panel trasero y luego cosa por los bordes superior e inferior.

• Las cenefas son una punta estrecha que se teje de forma ondulada. Adorné el barquito de la lámpara con una cenefa, cosiéndola por debajo del dobladillo de manera que solo se viera una fina línea de festones.

• El encaje es demasiado delicado para confeccionar en punto de bordado, pero si puede encontrar unos ribetes con más caída, entonces sí que funcionan con punto de cruz. Utilicé un simple bordado inglés para el saquito de lavanda y un guipur *vintage* para el cojín bordado. Cosa a mano con puntos pequeños y llanos.

• Los flecos van bien con el bordado. Encontrará muchas versiones extravagantes, pero a veces un sencillo fleco de algodón, como el que utilicé en la pág. 38, es lo único que necesita. Lo personalicé de modo que encajara en los cojines de topos: como era demasiado largo, lo doblé de nuevo a 1 cm para darle un aire nuevo.

• Los pompones siempre tienen un aspecto vibrante y animado, así que no pude resistirme a añadir uno a la parte superior del cobertor de tetera de la pág. 128 (donde también se incluyen explicaciones sobre su confección). Puede variar el tamaño modificando el diámetro de los discos de base de cartón.

ACABADO

El ribete del cojín o estuche siempre debería tener un acabado pulcro. Hay una técnica especial para solapar los extremos del cordoncillo, que se muestra en detalle en los proyectos relevantes, y a veces los cabos sueltos pueden esconderse en una esquina. Si ha utilizado encaje o punta de fleco, tendrá que unir dos extremos cortados, así que debe dejar 2 cm de más para las costuras. Al principio, pliegue los 5 mm primeros por el revés y luego cosa el borde inferior del cojín. Cuando haya completado todo el contorno, recorte el margen a 1,5 cm. Dé la vuelta al último tramo de 5 mm de modo que quede sobre el derecho antes de coserlo. Una los cabos rematados a 1 cm y cosa las dos capas juntas por los pliegues y el extremo superior.

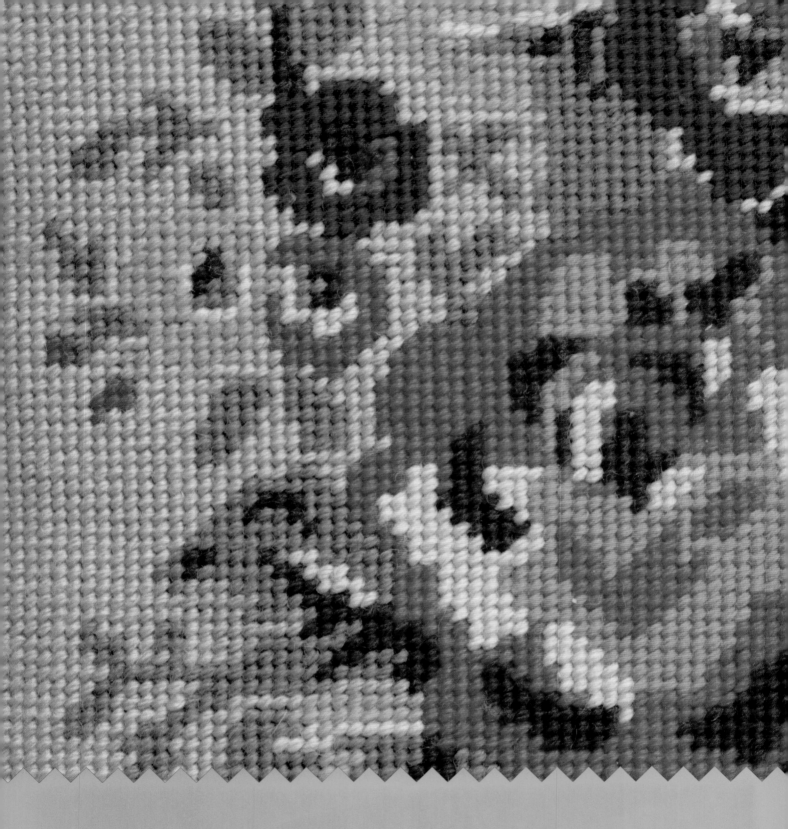

Proyectos

Editar y seleccionar los proyectos para este libro fue una tarea casi imposible dadas las infinitas posibilidades que hay. Al final traté de elegir una gama de técnicas e ideas lo más amplia posible, incluido un acerico que puede confeccionar en una tarde y una alfombra que puede llevar hasta un año. Sean cuales sean sus habilidades, espero que encuentre la inspiración y el placer necesarios en los treinta diseños por los que al final me decidí.

Cojín Bargello

MATERIALES

cuadrado de 40 cm de marco de tapiz
para un cañamazo simple de calibre 12
hilo DMC de lana de tapiz de los siguientes
colores (2 madejas de cada):
blanco (blanc); amarillo (7049);
rojo (7106); rosa (7202); verde (7386);
pardo (7411); azul (7802)
aguja de tapiz
cuadrado de 34 cm de entretela
con estampado floral
alfileres de sastre
máquina de coser
aguja de coser
hilo de coser a juego
140 cm de ribete trenzado o de flecos
cuadrado de 30 cm de almohadón

NIVEL DE DIFICULTAD: 1

Las cenefas ondulantes de este diseño tradicional Bargello se crean a partir de bloques de puntos verticales de distinta longitud, aplicados en hileras horizontales. La técnica se remonta a la Italia del Renacimiento, pero le he dado a mi cojín un giro contemporáneo con una nueva y vibrante paleta de colores y una entretela de asombrosas flores.

1 Los puntos verticales implican que el lienzo no se distorsionará, tal como suele pasar con los puntos en diagonal. Si prefiere trabajar sin marco, una los bordes del lienzo con cinta adhesiva. Marque el punto de partida para la primera hilera de puntos a 7 cm en diagonal desde la esquina superior izquierda.

2 Enhebre la aguja con hebra verde y llévela al punto de inicio. Siguiendo el patrón de la pág. 37, en el que cada bloque vertical de cuadrados de colores representa un punto recto aplicado sobre seis hilos de lienzo horizontal, aplique la primera hilera de puntos verdes.

3 La hilera siguiente se trabaja en amarillo y se entrelaza con la primera. Empiece a tres hilos por debajo del primer punto verde: lleve la aguja hasta allí e insértela en la base del primer punto. Continúe con la hilera, trabajando todos los puntos en la misma dirección.

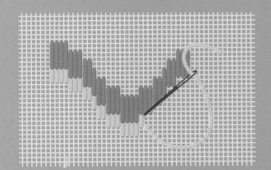

4 Continúe con el diseño de la cara del cojín, cambiando los colores y alternando longitudes, tal como se indica en la lámina. Llene los huecos de los bordes superior e inferior para lograr un cuadrado perfecto.

5 Cuando termine el diseño, planche desde el revés. Recorte el cañamazo sobrante con un margen de 2 cm de contorno.

6 Con ambos derechos encarados, coloque el frontal del cojín encima del panel de la entretela. Prenda con alfileres y embaste las dos telas por los bordes exteriores. Con el derecho del cojín encima, cosa por la línea en la que confluyan la parte cosida con la que está por coser. Deje una abertura de 20 cm por el margen inferior.

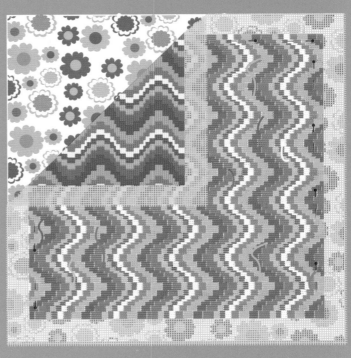

Sugerencia UN RIBETE BIEN ESCOGIDO ADORNA UN COJÍN DEL MISMO MODO QUE UN BUEN MARCO REALZA LA BELLEZA DE UN CUADRO.

HE ELEGIDO ESTE ANIMADO ADORNO DE POMPÓN AZUL PORQUE SE COMPLEMENTA CON LOS COLORES DE LAS TELAS DE AMBAS CARAS DEL COJÍN.

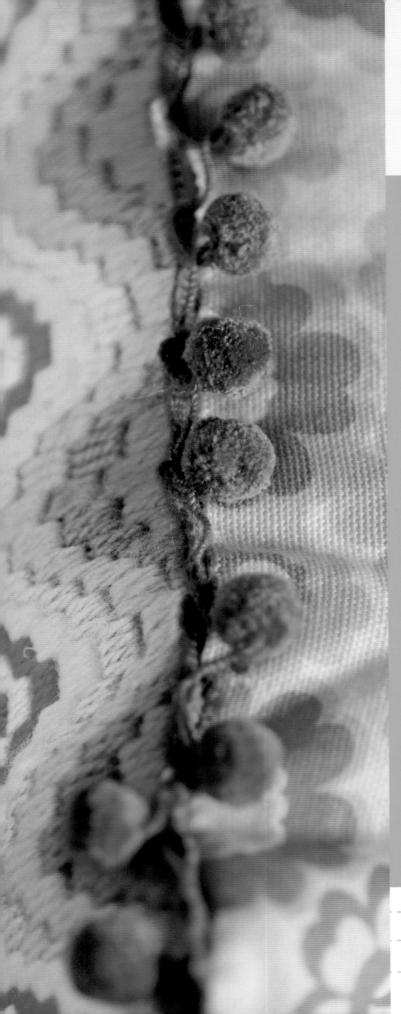

Cojín Bargello

7 Recorte un triángulo en cada esquina (corte en diagonal a 5 mm de la esquina). Luego recorte otro triángulo estrecho por cada lado. Planche los márgenes de la costura a cada lado de la abertura.

8 Dé la vuelta a la funda del cojín. Con la punta no afilada de un lápiz, afloje y alise las esquinas de modo que formen ángulos rectos.

9 Inserte la almohadilla de cojín y prenda con alfileres las otras dos caras de la abertura. Con un hilo de doble largo, cosa a mano los bordes con punto invisible para cerrar la hendidura.

10 Con pequeños puntos invisibles y un hilo de coser a juego, cosa la punta al cojín. Alinee el borde inferior de la punta con la línea de la costura a medida que va cosiendo. Frunza ligeramente la punta en cada esquina y remate los cabos tal como se muestra en la pág. 30.

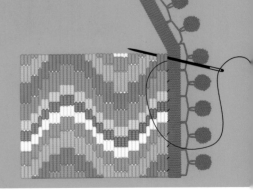

Sugerencia PARA MANTENER UNA TENSIÓN UNIFORME, LOS PUNTOS DEBEN APLICARSE EN LA MISMA DIRECCIÓN, DE ABAJO HACIA ARRIBA.

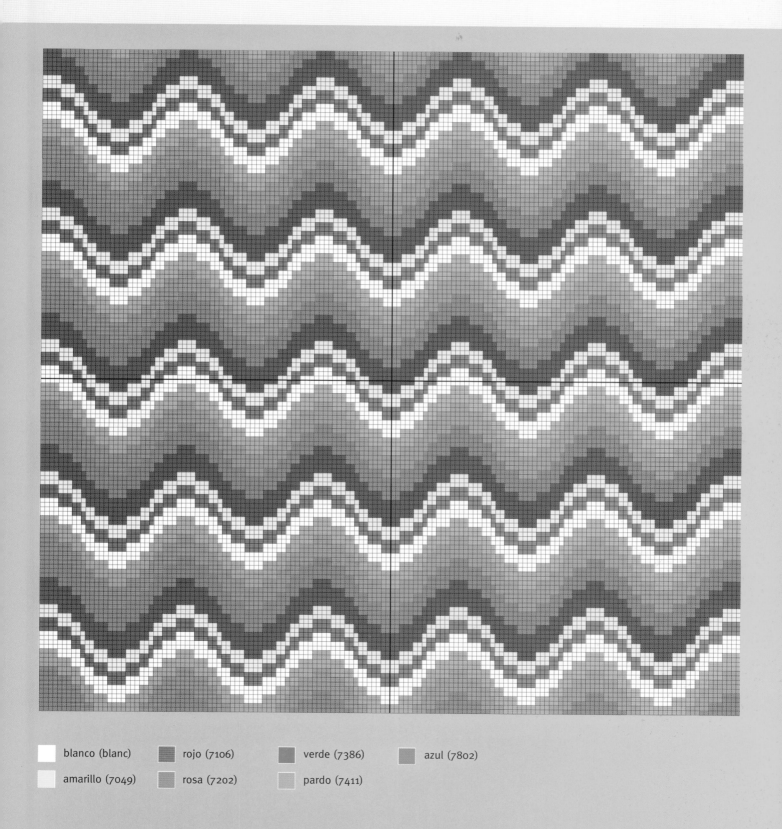

blanco (blanc)   rojo (7106)   verde (7386)   azul (7802)

amarillo (7049)   rosa (7202)   pardo (7411)

Cojín de topos

MATERIALES

Para el cojín azul

cuadrado de 40 cm de marco de tapiz
  para un cañamazo simple de calibre 10
hilo DMC de lana de tapiz de los siguientes
  colores:
    blanco hueso (7510): 2 madejas
    azul (7555): 16 madejas
cuadrado de 36 cm de entretela de lino natural
130 cm de fleco de algodón
cuadrado de 30 cm de almohadón

Para el cojín rojo

cuadrado de 30 cm de cañamazo de calibre 10
hilo DMC de lana de tapiz de los siguientes
  colores:
    rojo (7016): 7 madejas
    blanco hueso (7510): 1 madeja
cuadrado de 26 cm de entretela de lino natural
90 cm de fleco de algodón
cuadrado de 20 cm de almohadón

Para ambos

aguja de tapiz
tijeras
alfileres de sastre
aguja de coser
hilo de coser a juego

NIVEL DE DIFICULTAD: 1

Mi versátil diseño a topos aparece en todas partes, desde los pantalones de un bebé hasta una alfombrilla para cuarto de baño, papel pintado e incluso unos zuecos. No pude resistirme a darle un nuevo uso, esta vez en dos cojines azul y rojo bordados a cuadros. Encajan perfectamente en un sofá, junto a una hilera de cojines floreados.

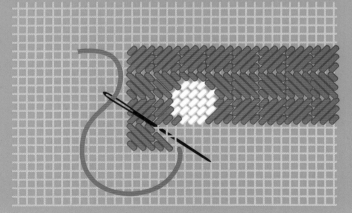

1 Empiece ambos cojines exactamente de la misma manera, siguiendo la lámina de la pág. 40. El cuadro exterior proporciona el tamaño del cojín azul más grande; utilice el contorno interior para el cojín rojo más pequeño. Trabajando hacia fuera desde el centro del lienzo, teja los topos en medio punto de cruz (*véase* pág. 20) con la hebra de color blanco hueso.

2 El fondo azul se realiza con punto de cojín (*véase* pág. 22). Empiece la primera hilera por la esquina superior izquierda, con un bloque cuadrado de cinco puntos en diagonal. Continúe por el extremo derecho y luego cosa las hileras siguientes por debajo, todas ellas en la misma dirección. Tendrá que realizar puntos más cortos en diagonal para que encajen en los topos.

3 El fondo rojo se trabaja con una variación de punto de cojín (*véase* también pág. 22). Le resultará más sencillo invertir el lienzo, sosteniéndolo boca para abajo, cuando esté realizando los puntos diagonales hacia la izquierda.

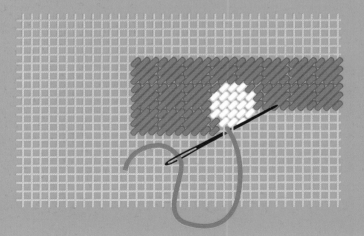

Sugerencia — EL PUNTO DE COJÍN SE TRABAJA EN DIAGONAL, LO CUAL DISTORSIONA EL LIENZO, DE AHÍ QUE HAYA QUE INMOVILIZAR EL COJÍN AZUL.

PARA EL ROJO SE USA UNA VARIACIÓN DE PUNTO DE COJÍN Y, COMO LAS HILERAS SE ALTERNAN EN LA DIRECCIÓN, LA MALLA NO TENDRÁ QUE TENSARSE.

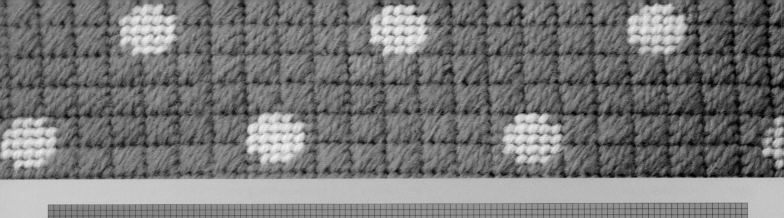

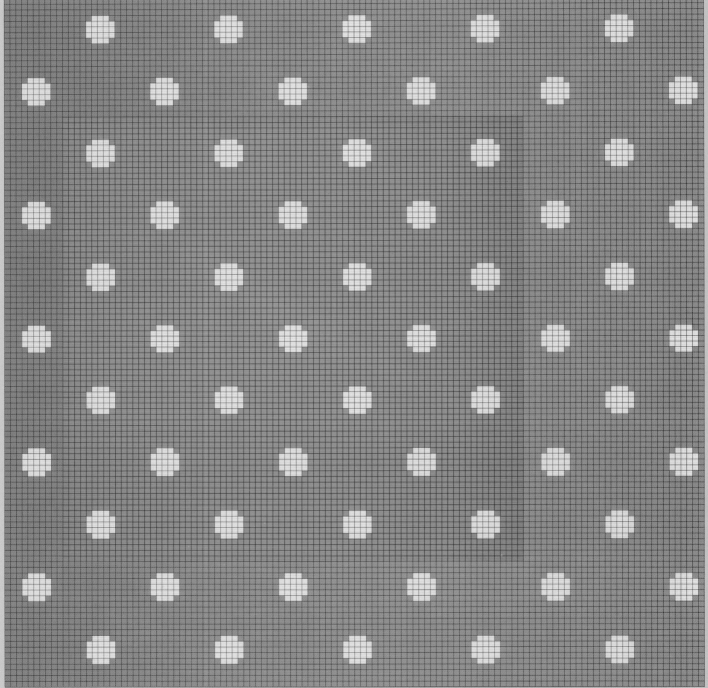

■ rojo (7016)   □ blanco hueso (7510)   ■ azul (7555)

Cojín
de topos

4 Empiece ambos cojines de igual modo. Cuando tenga listo el diseño, planche por el revés. Recorte el cañamazo sobrante y deje 2 cm por todo el contorno. Coloque la parte delantera del cojín boca abajo sobre una servilleta plegada y vuelva a planchar una línea de 5 mm de puntos en cada esquina formando un ángulo de 45 grados. Planche las esquinas dobladas para darles un acabado cuadrado.

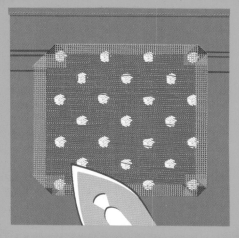

5 Planche y luego desdoble 3 cm de tela en cada borde del panel de entretela. Planche las esquinas de modo que queden cuadradas y luego vuelva a planchar los dobleces por los cuatro costados. La entretela debería tener ahora el mismo tamaño que el frontal.

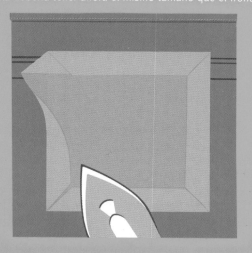

6 Empezando por una esquina, prenda con alfileres y embaste los flecos por el revés de la entretela de manera que queden sobre el borde pulido, doble la parte tejida del fleco en un ángulo de 45 grados en las tres próximas esquinas y solape los extremos cuando haya completado la vuelta. Corte el cabo suelto.

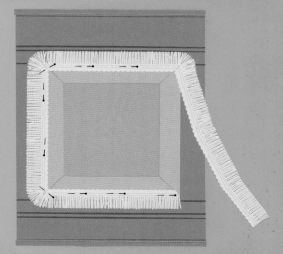

7 Con ambos derechos encarados, prenda el frontal del cojín con alfileres a la entretela por tres costados de modo que el flequillo quede entre ambos. Cosa con punto invisible estos tres extremos, pasando la aguja por el flequillo. Inserte el almohadón, luego prenda con alfileres, embaste y cosa los cuatro costados.

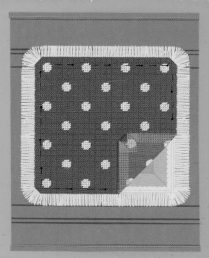

Cojín con rosas de Provenza

MATERIALES

20 × 50 cm de tela blanca para punto
de cruz de calibre 11

hilo de algodón DMC para bordado
de los siguientes colores:
verde medio (562); rosa pálido (963);
coral (3705); coral pálido (3706);
crema claro (3865): 1 madeja de cada;
verde claro (564): 2 madejas;
azul claro (747): 3 madejas

aguja pequeña de tapiz

50 × 90 cm de tela azul

24 × 40 cm de almohadón (*véase* pág. 28)

90 cm de fleco de encaje

alfileres de sastre

máquina de coser

aguja de coser

hilo de coser a juego

Corte

a partir de la tela azul, corte:
un panel frontal de 26 × 44 cm
dos paneles traseros de 26 × 28 cm

NIVEL DE DIFICULTAD: 1

El pequeño acerico bordado de la pág. 102 funcionó tan bien que me entraron ganas de ver cómo encajaría un motivo repetido de rosa. Y la verdad es que estoy muy satisfecha con el resultado. Las nuevas tonalidades de rojo coral y verde jade aportan elegancia al panel central en punto de cruz de este estrecho cojín bordado.

1 Marque el centro de la tela de punto de cruz. Una los extremos de la tela con cinta adhesiva o colóquela en un bastidor si así lo desea. El diseño se aplica en punto de cruz con cuatro hebras del hilo de bordado. Siguiendo el patrón de la pág. 45, y empezando por el centro de la tela, aplique el primer motivo. Cosa la rosa y, luego, las hojas y los pimpollos.

2 Para asegurar una distancia correcta entre cada rosa, empiece los dos motivos siguientes trabajando las hojas que queden más cerca de la rosa central, dejando un cuadrado sin tejer entre ellos. Trabaje otros tres motivos en cada lado de la primera rosa.

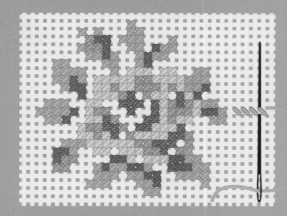

3 A continuación, trabaje el extremo decorativo en azul claro siguiendo los bordes superior e inferior, repitiendo tantas veces como sea necesario hasta igualar el número de motivos de rosa.

4 Cuando haya terminado el diseño, planche desde el revés. Recorte el cañamazo de punto de cruz sobrante hasta dejar un margen de 3 cm por los extremos largos y uno de 2 cm por los cortos. Coloque el panel de punto de cruz boca abajo sobre una servilleta plegada y planche los dobleces de las partes superior e inferior.

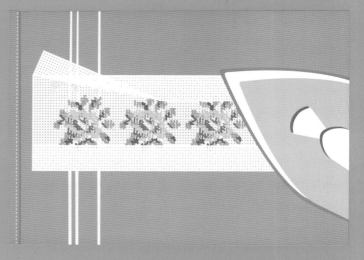

Sugerencia TAMBIÉN PODRÍA UTILIZAR ESTE DISEÑO COMO PUNTA PARA UNA TOALLA BLANCA,

UN BOLSO DE TELA O INCLUSO UNA PANTALLA DE LÁMPARA EN FORMA DE TAMBOR.

Cojín con rosas de Provenza

5 Corte el filamento de encaje por la mitad. Cosa con punto invisible las dos piezas por los extremos superior e inferior del panel en punto de cruz. Empiece el diseño repetido por el mismo lugar en ambos costados para que quede simétrico.

6 Coloque el panel de tela con ribete de encaje en el centro sobre el frontal del cojín. Prenda con alfileres los bordes superior e inferior.

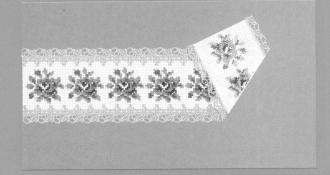

7 Con un hilo de coser a máquina, cosa el panel de tela con ribete de encaje. Cosa cuidadosa y lentamente entre las dos hileras de puntos de cruz.

8 Planche un doblez de 1 cm por una esquina corta de un panel de la entretela. Luego vuélvalo a doblar una vez más y planche de modo que quede un dobladillo doble. Cosa a máquina este último a unos 5 mm del borde. Haga el dobladillo del segundo panel de la entretela exactamente de la misma manera.

9 Con ambos derechos encarados y los bordes alineados, prenda con alfileres un panel de la entretela al frontal del cojín de modo que el dobladillo pase por el centro. Prenda con alfileres el segundo panel de la entretela al otro costado del frontal, solapando los bordes del dobladillo.

10 Cosa a máquina por los bordes del cojín, dejando un margen de costura de 2 cm. Recorte este último a 1 cm y forme un pequeño triángulo en cada esquina para reducir el grosor. Vuelva la funda del cojín e inserte el almohadón.

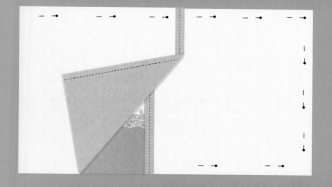

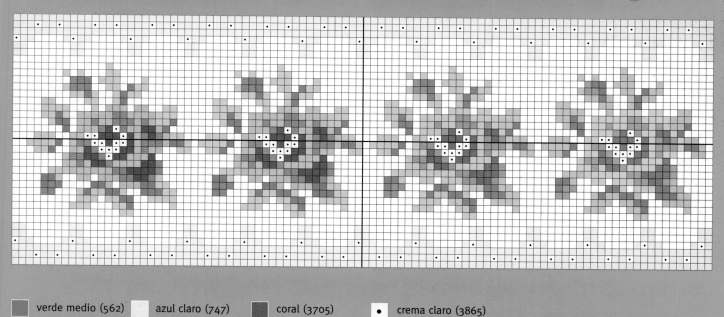

	verde medio (562)		azul claro (747)		coral (3705)		crema claro (3865)
	verde claro (564)		rosa pálido (963)		coral pálido (3706)		

Sugerencia RELLENÉ LOS PUNTOS DE CREMA CLARO DENTRO DE LOS CONTORNOS AZULES,

PERO PUEDE DEJAR ESTOS PUNTOS SIN TEJER PARA CREAR UN EFECTO PARECIDO AL ENCAJE.

Cojín con bandera

NIVEL DE DIFICULTAD: 3

El diseño para el estuche de lápices con bandera británica de la pág. 82 funcionó tan bien que decidí darle un nuevo enfoque siguiendo con el patrón de flor de espigas para crear un borde alrededor de la bandera central. Una selección de tonos más apagados da al cojín resultante un aspecto ligeramente *vintage*, que a la vez se complementa con el aspecto descolorido del ribete vaquero.

1 Marque el centro del lienzo. Una los bordes de este último con cinta adhesiva o sujételo con un bastidor. El diseño se aplica en punto gobelino. Siguiendo el patrón de la pág. 48, trabaje en el orden proporcionado en la pág. 82.

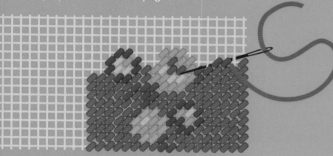

2 Una vez que haya acabado la bandera central, cosa las espigas adicionales en el borde exterior y rellene el fondo en rosa oscuro. Cuando haya terminado todo el diseño, retire el lienzo del marco e inmovilícelo, si es necesario. Recorte el cañamazo sobrante dejando un margen de 2 cm por el contorno.

3 Confeccione una tira al bies de tela vaquera para cubrir el cordoncillo. Trace una línea formando un ángulo de 45 grados desde la esquina inferior izquierda hasta el borde derecho. Marque dos líneas paralelas por encima con una separación de 4 cm. Corte por dichas líneas.

MATERIALES

- 30 × 40 cm de marco de tapiz para un cañamazo de calibre 10
- hilo DMC de lana de tapiz de los siguientes colores:
  - rojo oscuro (7108); amarillo (7455): 1 madeja de cada
  - rosa medio (7223); beis (7230); verde (7391): 2 madejas de cada
  - azul grisáceo (7705): 3 madejas;
  - rosa oscuro (7758): 8 madejas
- aguja de tapiz
- cuadrado de 50 cm de tela vaquera ligera
- 110 cm de cordoncillo de 6 mm
- dos rectángulos de 24 × 22 cm de entretela de terliz a rayas
- 20 × 30 cm de almohadón
- alfileres de sastre
- máquina de coser
- hilo de coser a juego

4 Con los derechos de azul claro encarados, solape los extremos de las dos tiras vaqueras en ángulos rectos y prenda con alfileres. Cosa a máquina, dejando un margen de costura de 6 mm, y luego recorte los triángulos sobrantes de vaquero en cada esquina. Planche la costura abierta y corte la tira a unos 150 cm. Planche un doblez de 1 cm en cada extremo.

Sugerencia SI, AL IGUAL QUE YO, UTILIZA TERLIZ PARA HACER LA ENTRETELA, ASEGÚRESE DE QUE LAS TIRAS DISCURRAN POR EL LARGO EN AMBAS PIEZAS. DE ESE MODO LAS LÍNEAS DEL MOTIVO DEL COJÍN QUEDARÁN RECTAS CUANDO ESTÉ ACABADO.

rojo oscuro (7108)

rosa medio (7223)

beis (7230)

verde (7391)

amarillo (7455)

azul grisáceo (7705)

rosa oscuro (7758)

Cojín con bandera

5 Doble la tira vaquera por el largo sobre el cordoncillo, dejando un cabo de 2 cm. Empezando a 3 cm desde el extremo, embaste las dos caras de la tela, dejando un último tramo de 3 cm sin embastar.

6 Empezando por el centro del borde inferior del punto bordado, embaste el cordoncillo por todo el frontal del cojín. Colóquelo de manera que discurra hacia dentro y los puntos de embaste discurran por el borde de los puntos de lana. Haga un pequeño corte en la tela vaquera en cada extremo para que el cordoncillo se doble en los ángulos rectos.

7 Doble el extremo pulido de la tira vaquera sobre el extremo sin rematar cuando ambos se crucen. Recorte el cordoncillo de modo que los extremos sobresalgan y cósalos sin apretar. Vuelva a doblar el extremo superior del cordoncillo y embaste.

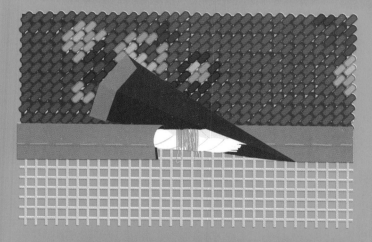

8 Haga un dobladillo a los paneles de la entretela (*véase* paso 8, pág. 44). Con los derechos encarados y los bordes sin remate alineados, prenda con agujas y embaste el panel de la entretela al frontal del cojín de modo que el dobladillo discurra por el centro. Prenda con alfileres el segundo panel y únalo por el lado opuesto, solapando los bordes con dobladillo.

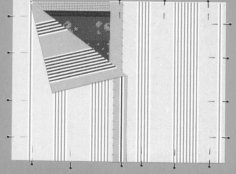

9 Encaje un pie de cremallera a la máquina de coser de forma que los puntos sigan la línea del cordoncillo. Con el frontal del cojín hacia arriba, cosa el contorno de la línea en la que el lienzo sin tejer y el tejido se cruzan. Recorte un triángulo en cada esquina. Planche hacia dentro los márgenes de la costura en los paneles delantero y trasero.

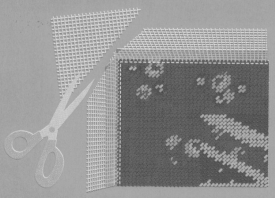

10 Vuelva la funda del cojín, recortando cuidadosamente las esquinas en ángulos rectos, y luego introduzca el almohadón.

Sugerencia EL ALMOHADÓN DE 20 × 30 CM UTILIZADO COMO RELLENO DE COJÍN NO ES UNA MEDIDA ESTÁNDAR QUE PUEDA COMPRAR HECHA, PERO EN LA PÁG. 28 DESCUBRIRÁ LO SENCILLO QUE ES HACERLO.

Cojín con ramillete

MATERIALES

30 × 45 cm de tela en crudo para punto
  de cruz de calibre 11
hilo de algodón DMC para bordado
  de los siguientes colores:
  verde claro (772); crudo (842); rosa medio
  (899); verde (992); rosa oscuro (3350);
  turquesa (3766): 2 madejas de cada
  rosa claro (604); dorado claro (676);
  marrón (3857): 1 madeja de cada
una aguja fina de tapiz
22 × 34 cm de entretela de lino
alfileres de sastre
máquina de coser
aguja de coser
hilo de coser a juego
100 cm de ribete con flequillo
18 × 30 cm de almohadón

NIVEL DE DIFICULTAD: 2

He aquí uno de mis motivos florales preferidos, esta vez con un aspecto de motivo en punto de cruz. Lo he vuelto a interpretar con tonos claros y veraniegos de hilo de bordado para que quede un lujoso cojín. Será el regalo perfecto para su mejor amiga, una hermana, una madre o una tía (¡siempre que soporte la idea de desprenderse de él!).

1 Marque el centro de la tela en punto de cruz. Una los bordes de la tela con cinta adhesiva o encájela en un bastidor si así lo desea. El diseño se trabaja con punto de cruz utilizando las seis hebras del hilo de bordar. Siguiendo el patrón de la pág. 52, y empezando por el centro de la tela, teja las grandes rosas de tono rosa, luego las flores azules más pequeñas, las hojas y, por último, los puntos.

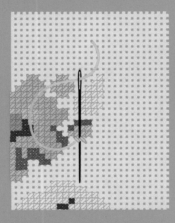

2 Cuando haya terminado el diseño, planche por el revés. Recorte el cañamazo sobrante hasta que quede un rectángulo de 22 cm de alto × 34 cm de ancho. Para asegurar que el diseño conserva su posición central, mida un punto situado a 4 cm del primer punto tejido por cada lado. Recorte las hileras de agujeros en la tela que estén alineadas con dichos puntos.

3 Con los derechos encarados, coloque el panel de la entretela encima del frontal del cojín. Prenda con alfileres y embaste las dos piezas por los bordes exteriores.

4 Con el frontal del cojín arriba, cosa a máquina su contorno dejando un margen de costura de 2 cm. Deje una abertura de 15 cm por el borde inferior. Cosa unos cuantos puntos adicionales en diagonal para que las esquinas queden redondeadas.

Sugerencia LOS PUNTOS SE APLICAN CON SEIS HEBRAS DE HILO PARA CREAR UNA TEXTURA TUPIDA. SI QUIERE ENCAJAR LA TELA,

UTILICE UN MARCO RECTANGULAR O UN ARO GRANDE CON UNA CIRCUNFERENCIA DE 35 CM O MÁS. ASÍ LOS PUNTOS NO SE DETERIORARÁN.

verde claro (772)

crudo (842)

rosa medio (899)

verde (992)

rosa oscuro (3350)

turquesa (3766)

rosa claro (604)

dorado claro (676)

marrón (3857)

Cojín con ramillete

5 Recorte un pequeño triángulo de cada esquina (cortado en diagonal a 6 mm de los puntos de la esquina) y luego recorte otro triángulo estrecho de cada lado. Planche los márgenes de la costura alrededor de la cubierta del cojín, sin olvidarse de ambos lados de la abertura en el borde inferior.

6 Vuelva la cubierta del cojín. Con la punta no afilada de un lápiz, afloje y alise las esquinas de modo que formen ángulos rectos.

7 Inserte el almohadón. Prenda con alfileres y embaste las dos caras de la abertura. Cosa a mano los dos bordes con hilo invisible para cerrar el hueco.

8 Doble por encima de 1 cm en cada extremo del ribete de flequillo y luego doble una vez más para ocultar el extremo sin rematar. Cosa el extremo plegado. Cuando añada el ribete a la cubierta del cojín, asegúrese de que este extremo quede en el revés del cojín.

9 Cosa a mano el ribete de flequillo al cojín con un hilo a juego. Empiece por el centro del extremo inferior y luego aplique pequeños puntos invisibles por la línea de la costura. Frunza ligeramente el borde en cada esquina.

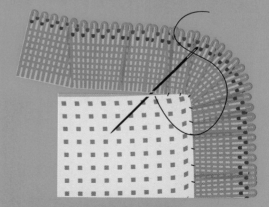

10 Cuando se haya añadido el ribete a los cuatro costados y vuelva al punto de partida, recorte el cabo suelto sin tejer a 2 cm y remate tal como se explica en el paso 8. Cosa los dos extremos acabados del borde.

Sugerencia EL ALMOHADÓN SE COSE DENTRO DE LA FUNDA DEL COJÍN PARA DAR UN ACABADO PULIDO A LA PARTE TRASERA. SI ALGUNA VEZ NECESITA LIMPIAR EN SECO LA FUNDA, LO ÚNICO QUE TIENE QUE HACER ES DESHACER LOS PUNTOS DE LA ABERTURA Y SACAR EL RELLENO.

Cojines con una casa

MATERIALES

tres cuadrados de 40 cm de marco de tapiz
  para un cañamazo de calibre 10
hilo DMC de lana de tapiz de los siguientes
  colores:
  crudo; amarillo (7472): 4 madejas de cada
  rosa (7004); azul oscuro (7306);
  verde medio (7386); rojo (7666):
  3 madejas de cada
  rojo-rosado (7106): 7 madejas
  crema oscuro (7141): 10 madejas
  verde oscuro (7541): 6 madejas
  rojo oscuro (7544): 1 madeja
  marrón (7622): 8 madejas
  verde claro (7771); azul medio (7802):
  2 madejas de cada
aguja de tapiz
30 × 80 cm de entretela a cuadros rojos
60 × 80 cm de calicó
máquina de coser
relleno de cojín de poliéster
210 cm de ribete de borlas
hilo de coser a juego

NIVEL DE DIFICULTAD: 3

Este almohadón con una hermosa agrupación de tres casitas de campo es un proyecto a largo plazo que la mantendrá ocupada varias semanas. Al igual que la alfombra a rayas, introduce algunos de los puntos de bordado para texturas que se mencionan en las págs. 16-19. Diviértase con este diseño. Puede copiar mi elección de puntos o improvisar la suya.

1 Todas las secciones del cojín se trabajan exactamente de la misma manera. Sin embargo, cuando teja los lienzos segundo y tercero, acuérdese de trabajar los tejados con hilo rojo o verde medio y las puertas con rosa o verde claro. Marque el centro de una pieza del lienzo. Una los bordes del mismo con cinta adhesiva o encájela en un bastidor si así lo desea. El diseño se trabaja en una combinación de puntos de bordado (*véanse* págs. 16-19). Siguiendo el patrón de la página siguiente, y empezando por el centro del lienzo, trabaje el contorno de la puerta y el portal, el pomo, los clavos y el buzón en medio punto de cruz. Añada los escalones marrones en punto de mosaico o con punto gobelino al sesgo. Rellene la puerta azul con punto de mosaico, los otros escalones y el caminito con punto gobelino al sesgo, y los portales con punto de mosaico o de Florencia.

2 A continuación, trabaje los contornos de las ventanas en punto de media cruz y los alféizares con una hilera simple de punto de cojín. Rellene los cristales, las cortinas y las flores con punto de media cruz y unos cuantos nudos franceses, si así lo desea, para añadir textura a los pétalos.

3 Trabaje las bayas en punto de media cruz y los pequeños matorrales con punto de media cruz o de Florencia. Teja el canalón marrón con punto de mosaico o gobelino. Rellene el tejado azul con gobelino al sesgo y el cielo con punto de Florencia (en la casita azul, el cielo solo se aprecia por la derecha; la casa verde lo tiene por la izquierda).

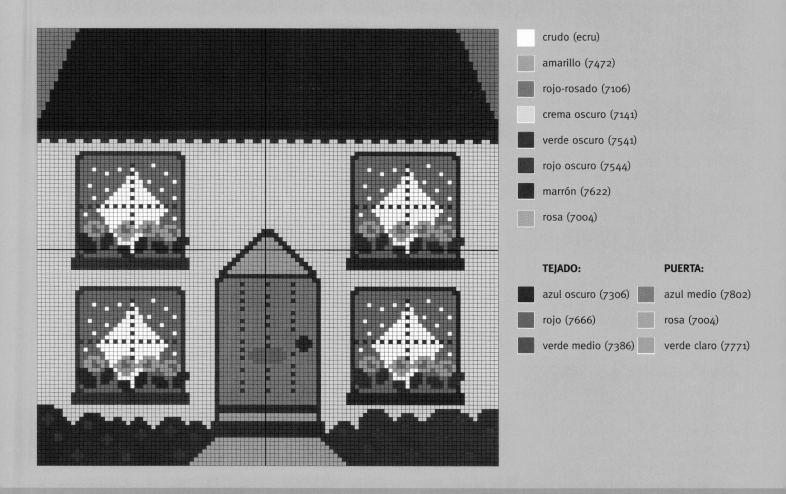

⬜	crudo (ecru)
🟦	amarillo (7472)
🟦	rojo-rosado (7106)
🟦	crema oscuro (7141)
⬛	verde oscuro (7541)
⬛	rojo oscuro (7544)
⬛	marrón (7622)
🟦	rosa (7004)

TEJADO:

⬛	azul oscuro (7306)
🟦	rojo (7666)
🟦	verde medio (7386)

PUERTA:

🟦	azul medio (7802)
🟦	rosa (7004)
🟦	verde claro (7771)

4 Por último, rellene la pared con «ladrillos» de ocho puntos de gobelino al sesgo aplicados sobre cuatro hilos del lienzo. Ajuste el largo de los puntos en diagonal para que encajen en los otros motivos y cambie la dirección de cada hilera.

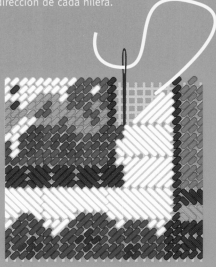

5 Una vez terminado el diseño, retire el lienzo del marco e inmovilícelo si es necesario. Recorte cada lienzo dejando un margen de 2 cm de contorno. Con los derechos encarados, sujete las casas con alfileres siguiendo un orden correcto, cotejando los bordes del bordado. Cosa a máquina por los bordes cosidos. Planche las costuras en abierto.

6 Utilizando el lienzo terminado como modelo, corte el panel de la entretela y dos piezas de calicó para la almohadilla. Prepare el almohadón según se describe en la pág. 28.

7 Con los derechos encarados, prenda con alfileres la fila de casitas al panel de la entretela. Cosa a máquina el contorno del frontal de cojín, dejando un cabo corto sin coser. Cosa los márgenes de la costura hacia dentro. Vuelva la funda del revés. Inserte el almohadón y prenda con alfileres las dos caras de la abertura. Con un doble largo de hilo, cosa los bordes a mano y con punto invisible para cerrar la abertura. Cosa a mano el flequillo del borde, puliéndolo tal como se describe en la pág. 30.

Sugerencia SI DISPONE DE POCO TIEMPO (Y QUIZÁ DE POCA PACIENCIA), PUEDE

HACER LOS LIENZOS DE FORMA INDIVIDUAL Y CONVERTIRLOS EN TRES CASAS INDEPENDIENTES.

Cojín con flor eléctrica

MATERIALES

cuadrado de 45 cm de marco de tapiz
para un cañamazo de calibre 10
hilo de algodón DMC para bordado
de los siguientes colores:
rosa medio (7135): 4 madejas
rosa oscuro (7136): 6 madejas
azul oscuro (7287): 2 madejas
verde (7406): 2 madejas
amarillo (7470): 2 madejas
blanco hueso (7510): 5 madejas
azul claro (7594): 1 madeja
una aguja de tapiz
cuadrado de 34 cm de entretela de rosa
oscuro
130 cm de cordoncillo fino
máquina de coser
aguja de coser
hilo de coser a juego
cuadrado de 30 cm de almohadón

NIVEL DE DIFICULTAD: 2

Mi diseño atrevido de flores eléctricas es el ejemplo perfecto para introducir nuevos puntos de bordado. El fondo y los contornos se trabajan en medio punto de cruz, pero los pétalos y los centros de las flores se rellenan con punto de mosaico en diagonal y puntos de Florencia, lo cual les aporta una profundidad y textura adicionales.

1 Una los bordes de la tela con cinta adhesiva o encájela en un bastidor si así lo desea. Marque el punto de partida para la primera hilera de puntos a 10 cm en diagonal desde el extremo superior izquierdo.

2 El diseño se trabaja con una combinación de punto de media cruz, punto mosaico y punto Florencia, y requiere un recuento atento. Si sigue el patrón de la pág. 60, trabaje el contorno de la flor de la parte superior izquierda en medio punto de cruz. Rellene el centro y los pétalos con punto de mosaico.

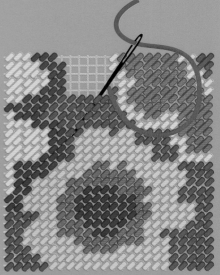

4 Una vez terminadas las flores, rellene la superficie en rojo oscuro utilizando medio punto de cruz.

3 Siga trabajando el resto del diseño, cosiendo primero los contornos de la flor y luego rellenando los centros y los pétalos con punto de mosaico o de Florencia. El patrón de la pág. 60 lleva anotaciones para saber exactamente dónde se sitúa cada punto. Las flores pequeñas se aplican en medio punto de cruz.

5 Una vez terminado todo el diseño, retire el lienzo del marco e inmovílícelo si es necesario. Recorte el cañamazo sobrante hasta dejar un margen de 2 cm de contorno.

Sugerencia COMO COSER EL CORDONCILLO PUEDE RESULTAR DIFÍCIL, TAL VEZ

PREFIERA COSER A MANO UNA PUNTA ESTRECHA ALREDEDOR DEL COJÍN ACABADO.

44/45   Kelly

	rosa medio (7135)		azul oscuro (7287)		amarillo (7470)		azul claro (7594)	F	punto de Florencia
	rosa oscuro (7136)		verde (7406)		blanco hueso (7510)			M	punto de mosaico

Cojín con flor eléctrica

6 Empezando por el centro del borde inferior, embaste el cordoncillo por el contorno del frontal del cojín. Colóquelo de modo que el punto de unión entre el cordón y la punta discurra por el extremo de los puntos de lana. Solape los cabos del cordoncillo y haga un pequeño corte a la punta trenzada en cada esquina de manera que el cordoncillo se doble en los ángulos rectos.

7 Con los derechos encarados, coloque la entretela por encima del frontal del cojín. Sujete con alfileres y embaste las dos telas por los bordes exteriores.

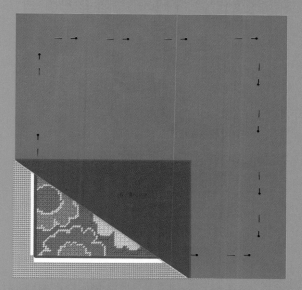

8 Inserte un pie de cremallera a la máquina de coser de forma que los puntos sigan la línea del cordoncillo. Con el frontal del cojín hacia arriba, cosa siguiendo la línea en la que el lienzo sin coser y el cosido se unan. Deje una abertura de 20 cm por el borde inferior. Recorte un triángulo en cada esquina para reducir volumen y luego planche los márgenes de la costura a ambos lados de la abertura.

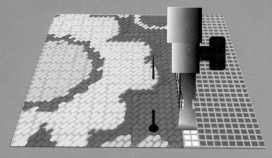

9 Vuelva la funda del cojín. Con la punta no afilada de un lápiz, afloje y alise las esquinas de modo que formen ángulos rectos.

10 Inserte la almohadilla de cojín y prenda con alfileres las otras dos caras de la abertura. Con un hilo de doble largo, cosa a mano los bordes con punto invisible para cerrar la hendidura, pasando la aguja por el cordoncillo desde el derecho al revés, justo por debajo de aquel.

Sugerencia AÑADA UNA APARIENCIA ÚNICA A ESTE COJÍN CON UNA ENTRETELA DE LUJO:

YO BUSQUÉ UN VISTOSO TERCIOPELO PARA QUE HICIERA JUEGO CON EL HILO ROSA OSCURO.

Bolso *hippie* Bargello

MATERIALES

42 × 46 cm de marco de tapiz para
un cañamazo simple de calibre 12
hilo DMC de lana de tapiz de los siguientes
colores:
azul claro (7294); blanco hueso (7331);
marrón (7515): 2 madejas de cada
naranja (7303): 5 madejas
azul oscuro (7336): 3 madejas
amarillo (7485); verde (7541):
4 madejas de cada
10 madejas distintas de hilo DMC de lana
de tapiz u 80 m de lana de tejer para
una aguja de bordado en cintas
36 × 40 cm de entretela de estampado floral
36 × 80 cm de entretela

NIVEL DE DIFICULTAD: 1

Desde la generación de Woodstock hasta la de Glastonbury, este bolso de tela con bordado gustará a los «hijos de las flores» de todas las edades. Su forma sin estructura permite mucho espacio para guardar agujas de coser, ir de compras o llenarlo de archivos y libros. Pero ¿por qué no deja el trabajo por un momento, se cuelga el bolso al hombro y asiste a un festival de música de verano?

1 Una los bordes de la tela con cinta adhesiva o encájela en un bastidor. Marque el punto de partida de la primera hilera de puntos a 8 cm en diagonal desde la esquina superior izquierda.

2 Enhebre la aguja con hebra naranja y llévela hasta el punto de partida. Siguiendo el patrón de la pág. 64, en el que cada bloque vertical de cuadrados coloreados representa un punto recto aplicado sobre seis hilos horizontales de lienzo, aplique la primera hilera de puntos naranjas. La siguiente hilera entrelazada se trabaja en amarillo, y cada punto se aplica sobre cinco hilos.

3 Continúe el diseño del frontal del bolso, cambiando los colores y alternando la longitud del punto tal como se indica en la tabla. Para acabar, llene los huecos en los bordes superior e inferior hasta que quede un rectángulo perfecto.

4 Una vez terminado el diseño, planche suavemente desde el revés. Recorte el cañamazo sobrante hasta dejar 2 cm de margen.

5 Con los derechos encarados, coloque el frontal del bolso sobre el panel de la entretela. Sujete con alfileres y embaste por un costado y el borde inferior. Con el frontal del bolso mirando hacia arriba, cosa cuidadosamente a máquina por la línea en la que el lienzo sin tejer y el tejido se encuentran.

6 Recorte un triángulo por las dos esquinas inferiores (corte 5 mm en diagonal desde la esquina) para reducir el volumen. Planche los márgenes de la costura de las partes delantera y trasera. Planche un doblez de 2 cm alrededor de la abertura del bolso. Con la punta no afilada de un lápiz, afloje y alise las esquinas. Planche.

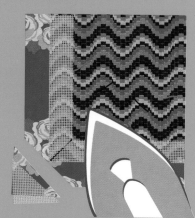

7 Haga un doblez por la mitad y sujete los laterales con alfileres. Cosa a máquina con un margen de costura de 2 cm y luego planche estos márgenes hacia dentro. Planche un doblez de 4 cm alrededor de la abertura del forro.

Sugerencia PARA AÑADIR UN BOLSILLO EN EL INTERIOR, PLANCHE UN DOBLEZ DE 1 CM POR TRES COSTADOS DE UN CUADRADO DE 20 CM. HAGA UN DOBLADILLO DOBLE POR EL CUARTO COSTADO. COSA AL FORRO ANTES DE CONFECCIONAR EL BOLSILLO Y DEJE EL DOBLADILLO A 10 CM DE UN EXTREMO CORTO.

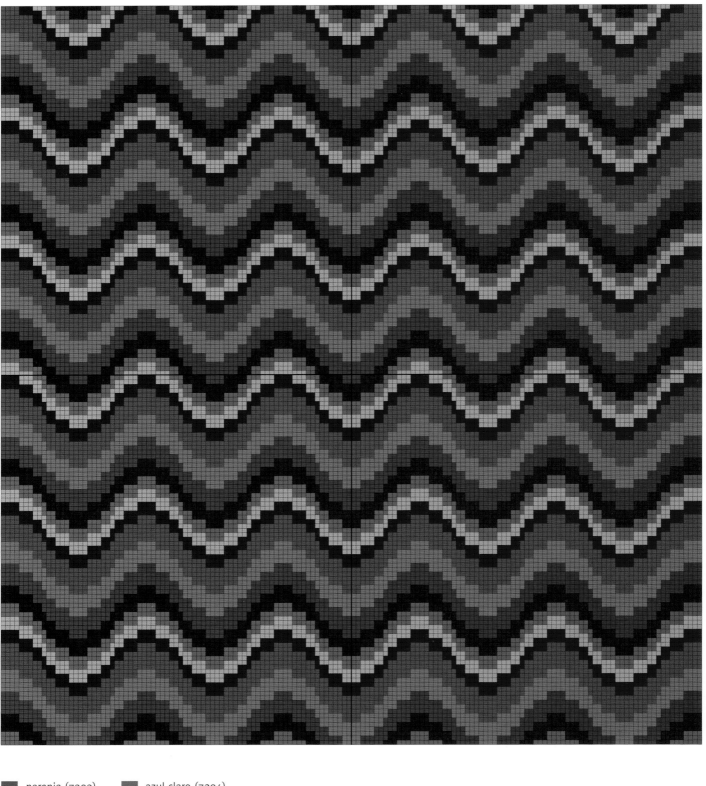

 naranja (7303)   azul claro (7294)

amarillo (7485)   blanco hueso (7331)

verde (7541)   marrón (7515)

azul oscuro (7336)

Bolso *hippie* Bargello

8 Introduzca el forro dentro del bolso, casando las costuras laterales. Sujete los bordes superiores con alfileres, asegurándose de que tanto el forro como la parte exterior del bolso quedan al mismo nivel.

9 Cosa la parte exterior del bolso con el forro con un filamento doble de hilo de coser a juego: pase la aguja de coser entre dos puntos de hilo de lana y por debajo del hilo superior del lienzo, y después por el borde superior del forro.

10 Corte 350 cm de hebra para el asa. Átelas a 20 cm de un extremo y fije el nudo sobre un enganche. Divida las hebras en tres grupos de ocho y tréncelas (desenrosque los cabos sueltos a medida que avance para evitar que el hilo se enmarañe). Cuando la trenza mida 150 cm de largo, anude los otros cabos y recorte ambos extremos en una borla de 6 cm.

11 Cosa un nudo a una esquina inferior del bolso y cosa la trenza por la línea de la costura en el costado, utilizando un filamento doble de hilo de coser. Cosa todo un costado de la trenza y luego el otro para lograr mayor sujeción. Repítalo en el otro borde de la trenza y por ambos costados.

Sugerencia PARA LA TIRA TRENZADA, RECICLÉ UNOS HILOS SOBRANTES, PERO PUEDE UTILIZAR CUALQUIER HILO DE LANA QUE NO UTILICE.

Bolso de mano con ramillete

MATERIALES

30 × 45 cm de marco de tapiz para
   un cañamazo de calibre 10
hilo DMC de lana de tapiz de los siguientes
   colores:
   rosa medio (7195): 2 madejas
   rosa claro (7221); azul oscuro (7296);
   verde claro (7376); verde oscuro (7396);
   crema oscuro (7411); marrón oscuro
   (7432); oro (7494); rosa oscuro (7758):
   1 madeja de cada
   verde cerceta (7927): 4 madejas
aguja de tapiz
forro dorado: 22 × 34 cm para la solapa
   y 34 × 40 cm para el bolso
relleno de planchado: 19 × 29 cm para
   la solapa y 29 × 34 cm para el bolso
terciopelo azul oscuro: dos rectángulos
   de 22 × 34 cm para el bolso
alfileres de sastre
máquina de coser
hilo de coser a juego
aguja de coser

NIVEL DE DIFICULTAD: 3

Los colores apagados de este bolso de mano con motivos florales
añadirán un toque de elegancia tradicional a cualquier traje
de noche. Las rosas se tejen en tonos cálidos corales sobre
un fondo de cerceta, y el bolso ligeramente acolchado se ha
confeccionado con terciopelo azul, forrado con una antigua tela
de seda dorada para que haga juego con las hebras utilizadas
en las flores y hojas más pequeñas.

1 Marque el centro de la tela en punto de cruz. Una los bordes de
la tela con cinta adhesiva o encájela en un bastidor si así lo desea.
Todo el diseño se trabaja con punto de cruz. Si prefiere utilizar punto
gobelino, acuérdese de dejar un 30 % de hebra adicional.

2 Siguiendo el patrón de la
pág. 68, y empezando por
el centro de la tela, trabaje las
grandes rosas de color rosa.
Continúe aplicando el diseño
hacia fuera con las florecillas
azules y doradas, las hojas
verdes y doradas, y los topos.
Por último, rellene el fondo
con verde cerceta.

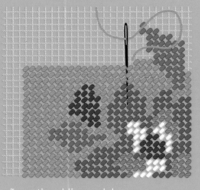

3 Cuando haya terminado el diseño, retire el lienzo del marco
e inmovilícelo si es necesario. Recorte el cañamazo sobrante dejando
2 cm de margen en el contorno. Planche el lienzo por un costado
y el borde inferior, y luego
doble por las hendiduras.
Planche las esquinas
inferiores hacia dentro
formando ángulos de
45 grados. Recorte
un triángulo en cada
esquina, vuelva a doblar
y planche.

4 Coloque el forro en la solapa para pasar la plancha por encima
de modo que el costado adhesivo quede boca abajo, por el revés de
la labor tejida. Lleve los bordes por debajo del lienzo planchado
en un costado y los bordes inferiores. Planche donde le corresponda.

5 Planche un doblez de 2 cm por el costado y el borde inferior
del forro de la solapa, y ensamble las esquinas. Con los derechos
encarados, enganche el forro con alfileres a los bordes lateral e
inferior de la solapa. Vuelva a coser estos bordes con un hilo a juego.
Hilvane el forro sin coser al lienzo, a unos 1,5 cm del borde superior.

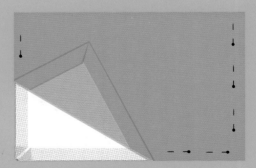

Sugerencia NUNCA PLANCHE EL TERCIOPELO POR EL DERECHO, YA QUE ALISARÁ EL PELO. PONGA UNA TOALLA SOBRE LA TABLA

DE PLANCHAR Y COLOQUE EL DERECHO DEL TERCIOPELO BOCA ABAJO ANTES DE APLICAR EL VAPOR DE LA PLANCHA AL REVÉS DE LA TELA.

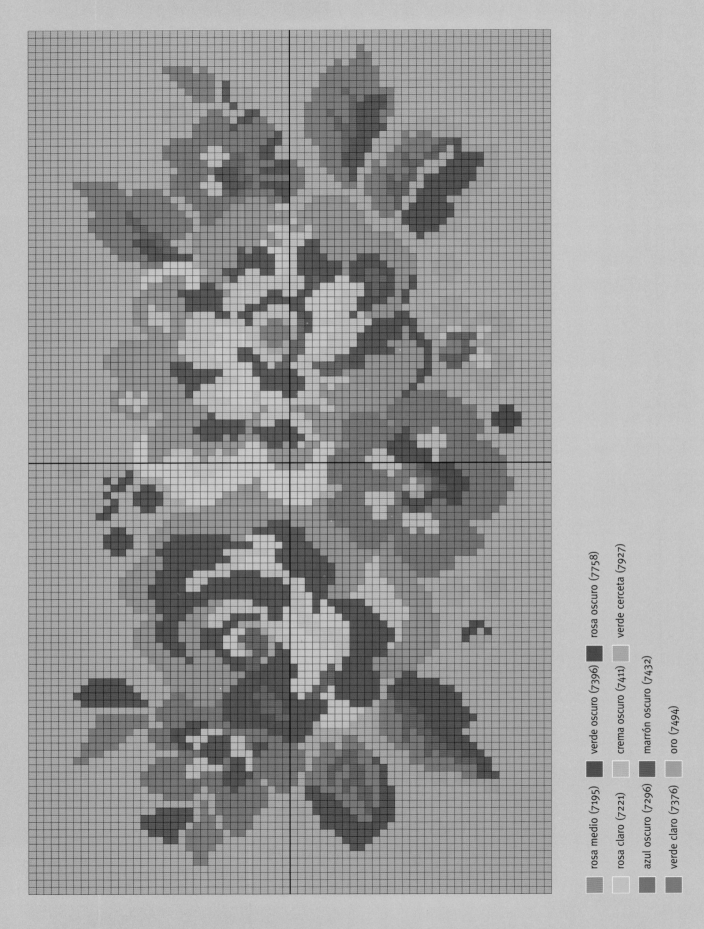

rosa medio (7195) verde oscuro (7396) rosa oscuro (7758)

rosa claro (7221) crema oscuro (7411) verde cerceta (7927)

azul oscuro (7296) marrón oscuro (7432)

verde claro (7376) oro (7494)

Bolso de mano con ramillete

6 Una las piezas del bolso por el costado y el borde inferior de modo que las caras de pelo miren hacia fuera. Cosa a máquina con una costura de 2 cm y luego planche esos márgenes hacia dentro. Recorte un triángulo de cada esquina inferior. Vuelva el bolso y planche. Prenda con alfileres y embaste un dobladillo de 1,5 cm alrededor de la abertura.

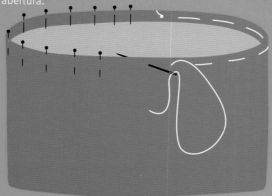

7 Doble el forro del bolso a medio largo. Prenda los costados con alfileres y cosa con un margen de costura de 2 cm. Planche los márgenes de costura hacia dentro y luego haga un doblez de 2 cm por la abertura.

8 Pliegue el relleno alrededor del forro. Esconda los extremos superiores por el doblez en ambas caras y prenda con alfileres. Planche suavemente para que ambas telas se mezclen.

9 Coloque el forro dentro del bolso de modo que el extremo superior quede 5 mm por debajo del costado del bolso. Prenda con alfileres y embaste ambas piezas por el costado de la cara delantera.

10 Haga pasar el borde superior de la solapa por la parte trasera del bolso, entre el terciopelo y el forro. Préndalo con alfileres donde corresponda, de manera que la hilera de puntos de embaste quede 5 mm por debajo de los bordes superiores doblados del bolso y el forro.

11 Cosa con punto invisible el borde superior del forro a la solapa, pasando la aguja por el lienzo para sujetarlo, pero no por el terciopelo. Desde el otro costado, cosa con puntos invisibles el borde plegado del bolso con el lienzo y siga los puntos para mantener la línea recta.

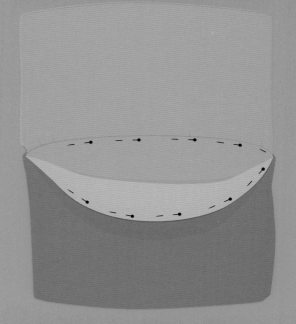

Sugerencia UTILICE ABUNDANTES ALFILERES Y PUNTOS DE EMBASTE CORTOS PARA SUJETAR LAS PARTES DELANTERA Y POSTERIOR DEL BOLSO CUANDO ESTÉ COSIENDO LOS COSTADOS. ASÍ EVITARÁ QUE LAS PIEZAS DE TERCIOPELO PIERDAN LA ALINEACIÓN CUANDO LAS COSA.

Bolsa de playa con barquito

MATERIALES

30 × 35 cm de tela en crudo para punto
   de cruz de calibre 8
hilo de algodón DMC para bordado
   de los siguientes colores:
   rojo oscuro (498); rojo (817);
   verde azulado (926); verde azulado
   oscuro (930): 1 madeja de cada
pequeña aguja de tapiz
21 × 25 cm de entretela de peso medio
100 cm de largo de trenza de 1 cm de ancho
100 × 140 cm de terliz a rayas
50 × 130 cm de forro de topos
100 cm de largo × 3 cm de ancho
   de trenzado de rayas
alfileres de sastre
hilo de coser a juego
máquina de coser

Corte

corte cada pieza de modo que las tiras
   queden centradas y discurran desde
   abajo hacia arriba.
delante y atrás: dos rectángulos de 40 × 50 cm
laterales: dos franjas de 12 × 40 cm
base: una tira de 12 × 50 cm
forro: un rectángulo de 40 × 117 cm para
   los costados, más una franja de 12 × 50 cm
   para la base

NIVEL DE DIFICULTAD: 3

He aquí un bolso grande con motivo marinero. Es lo bastante
grande como para llevar todo lo necesario para pasar un día
en la playa. El bolsillo se ha confeccionado a partir de una tela
de punto de cruz de calibre 8, que resulta muy rápida de tejer,
y da al bordado un aspecto sólido que se complementa
con el terliz a rayas y el forro a topos.

1 Marque el centro de la tela en punto de cruz. El diseño se trabaja
con punto de cruz utilizando las seis hebras del hilo de bordar.
Siguiendo el patrón de la pág. 73, y empezando por el centro de
la tela, trabaje la vela principal en rojo. Siga avanzando hacia fuera
con la segunda vela, los mástiles y las olas, y por último las nubes
y las gaviotas.

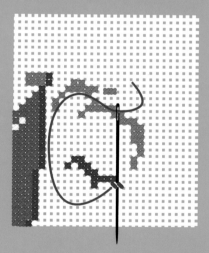

2 Una vez terminado el diseño, añada el bolsillo de modo que forme
un rectángulo de 25 × 29 cm, asegurándose de que el motivo quede
en el centro. Coloque la entretela utilizando la plancha de modo
que la parte adhesiva mire hacia abajo, sobre el reverso del bolsillo
cosido, y con un margen de 2 cm por el contorno. Planche la entretela
siguiendo las instrucciones del fabricante.

3 Planche las esquinas del bolsillo hacia dentro formando un ángulo de
45 grados para ensamblarlas, y luego planche cada uno de los márgenes.

Sugerencia UTILICÉ UN TERLIZ ROJO Y BLANCO PARA EL BOLSO, PERO, CON UN POCO DE SUERTE,

PODRÁ ENCONTRAR LA ANTIGUA LONA DE RAYAS MARINERA CON SUS COLORES TRADICIONALES DEL MAR.

Bolsa de playa con barquito

4 Empezando por el centro del borde inferior, y con pequeños puntos invisibles y un hilo de coser a juego, cosa el trenzado al bolsillo. Dóblelo formando un ángulo en cada esquina y remate los extremos.

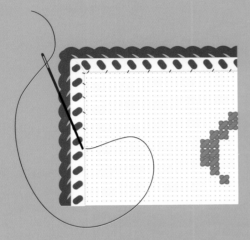

5 Prenda el bolsillo con alfileres con el panel delantero del bolso, alineando los bordes laterales con las líneas. Cosa a máquina por el costado y el borde inferior, reforzando ambos extremos de la costura mediante unas puntadas en dirección contraria.

6 Ahora prepare el escudete. Con ambos derechos encarados, prenda con alfileres un extremo corto de cada franja lateral con los extremos cortos de la base. Cosa a máquina a 1,5 cm del borde, dejando 1,5 cm de tela sin coser en cada extremo de la costura.

7 Una vez más, con ambos derechos encarados, prenda con alfileres un borde largo del escudete con el panel frontal, prestando atención a que las esquinas queden alineadas. Cosa la base a máquina, dejando 1,5 cm de tela sin coser en cada extremo de la costura. Cosa a máquina las costuras laterales, empezando desde las esquinas de la parte superior, y acabe a 1,5 cm de la parte inferior. Una el otro extremo largo del escudete al panel trasero del bolso de esta misma manera.

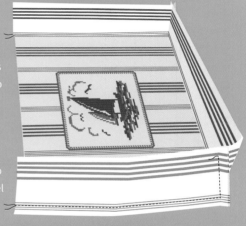

8 Dé la vuelta al bolso. Con la punta no afilada de un lápiz, afloje y alise las esquinas. Planche suavemente las costuras y luego deje un dobladillo de 2 cm alrededor de la abertura del bolso.

9 Con los derechos encarados, prenda con alfileres los bordes cortos del panel principal del forro. Introdúzcalo dentro de la bolsa y ajuste el ancho de la costura para que encaje bien. Cosa a máquina esta costura lateral y luego plánchela abierta. Esta costura discurre por el centro de la parte trasera del exterior del bolso.

10 Doble el panel del forro a medio largo para encontrar el centro. Con los derechos encarados, prenda este punto con alfileres a la línea de costura trasera del panel principal del forro. Prenda las esquinas con alfileres y luego haga lo mismo con los tres costados que faltan del panel de base y el extremo inferior del forro principal.

11 Haga un corte de 1,5 cm por el panel principal del forro en el punto donde se encuentran las esquinas, de manera que el margen de la costura quede plano junto al panel base del forro. Cósalos a máquina por toda la base, dejando un margen de costura de 1,5 cm.

12 Planche suavemente las costuras y luego haga un dobladillo de 2 cm por la abertura del forro.

13 Introduzca el forro dentro del bolso. Una las dos piezas con alfileres por la abertura de modo que el borde superior del forro quede 5 mm por debajo del borde superior de la parte exterior del bolso.

14 Corte la trenza por la mitad para hacer las tiras del bolso. Tome el primer tramo de trenzado y, a 15 cm desde los costados, encaje 4 cm de cada extremo entre la parte exterior del bolso y el forro. Prenda con alfileres y embaste los extremos en el lugar correspondiente. Repita el proceso con el segundo tramo de trenza por el otro lado.

15 Cosa a máquina el contorno de la abertura del bolso a 1 cm por debajo desde el borde superior. Para reforzar las asas, cosa un rectángulo con una cruz en el interior de cada uno de los cuatro extremos del trenzado.

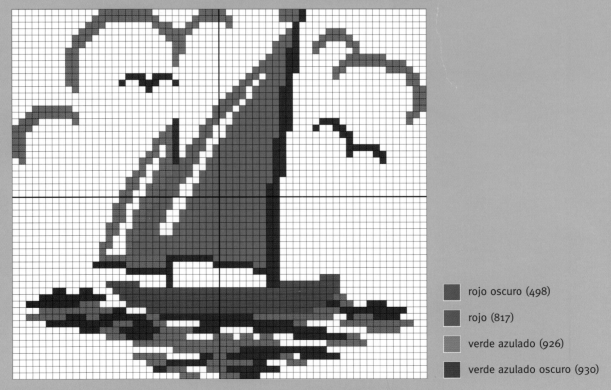

- ■ rojo oscuro (498)
- ■ rojo (817)
- ■ verde azulado (926)
- ■ verde azulado oscuro (930)

Bolsa de tejer con ramo de flores

MATERIALES

45 × 50 cm de tela roja para punto
   de cruz de calibre 11
hilo de algodón DMC para bordado
   de los siguientes colores:
   verde lima (166); verde oliva (830);
   rosa (956); beis (3782): 2 madejas
   de cada
   rojo (891): 3 madejas
   naranja claro (977); marrón (3031);
   verde claro (3348): 1 madeja de cada
aguja pequeña de tapiz
45 × 150 cm de tela de algodón marrón
   para la entretela y el forro
un par de asas de 20 cm de ancho
   para la bolsa de tejer, con ranuras
   en el borde inferior
alfileres de sastre
hilo de coser a juego
máquina de coser

Corte
corte la tela marrón con tres rectángulos
   de 40 × 45 cm

NIVEL DE DIFICULTAD: 3

Este es un bolso realmente útil que puede amoldarse a cualquier proyecto de costura y bordado, y además permite llevar las agujas más largas. Está hecho con tela roja y se le añaden unas flamantes rosas verdes. El diseño rememora las labores del Berlín victoriano, pero con una nueva y vibrante combinación de colores. ¡Me inspiré en la alfombra de mi recibidor!

1 Para encontrar el punto de partida del diseño, doble la tela en punto de cruz por la mitad del ancho. A continuación mida un punto de 20 cm desde el borde inferior: este se corresponde con el centro del patrón.

2 El diseño se trabaja con punto de cruz utilizando cuatro hebras del hilo de bordar. Siguiendo el patrón de la pág. 76, y empezando por el punto marcado sobre la tela, aplique las rosas grandes. Siga trabajando el diseño hacia fuera con las flores más pequeñas y, luego, las hojas y los pimpollos.

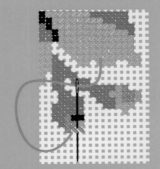

3 Una vez terminado el diseño, planche suavemente desde el revés para proteger los puntos. Doble la tela en un rectángulo de 45 cm de alto por 40 cm de ancho. Con los derechos encarados, coloque la entretela encima del frontal del bolso. Prenda con alfileres y embaste las dos piezas por el costado y el borde inferior. Mida 15 cm desde la parte superior de cada lado y prenda con alfileres.

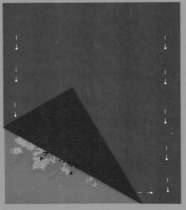

4 Cosa a máquina con un margen de costura de 2 cm desde el punto marcado, dejando unos 15 cm sin coser. Recorte un triángulo de las esquinas y planche las esquinas para ensamblarlos. Planche los márgenes de las costuras por el costado y el borde inferior, incluidas las partes sin coser. Planche un doblez de 2 cm por la abertura.

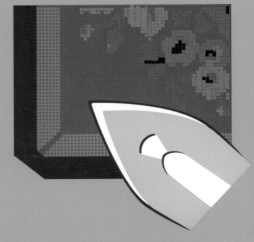

5 Vuelva el derecho del bolso y planche suavemente las costuras.

Sugerencia SI NO SABE TEJER, TAL VEZ PREFIERA CONFECCIONAR ESTE DISEÑO

COMO UN MAGNÍFICO COJÍN DE CUADROS O COMO UN RETRATO ENMARCADO.

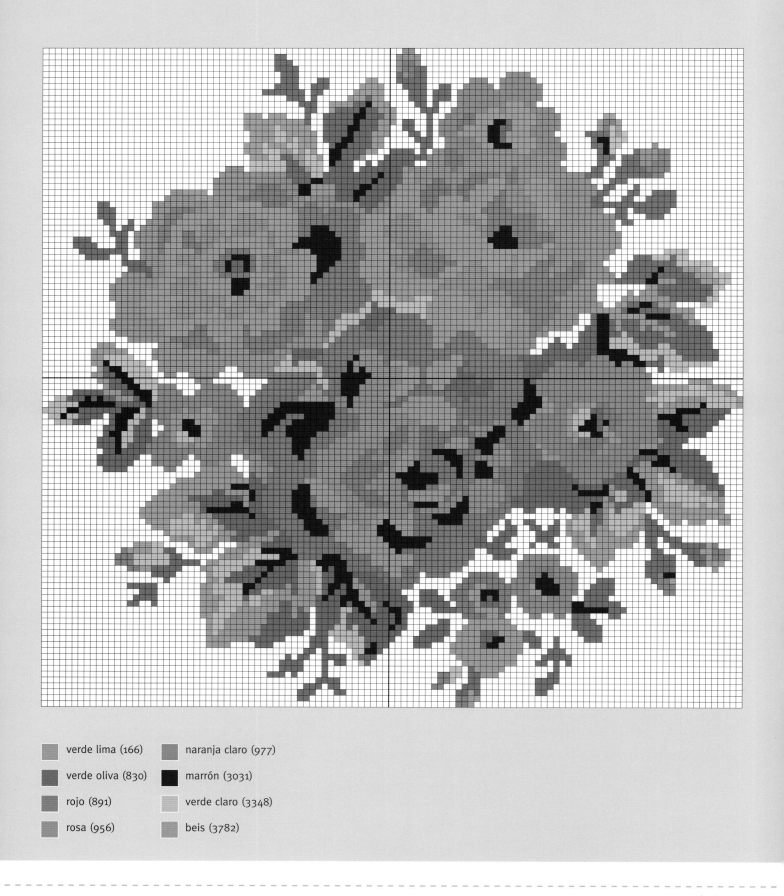

verde lima (166) naranja claro (977)

verde oliva (830) marrón (3031)

rojo (891) verde claro (3348)

rosa (956) beis (3782)

Bolsa de tejer con ramo de flores

6 Una los dos rectángulos restantes de tela marrón exactamente del mismo modo que para hacer el forro, dejando 15 cm sin coser en la parte superior de las costuras laterales. Planche los márgenes de las costuras como los de la bolsa.

7 Introduzca el forro por el interior del bolso. Prenda con alfileres los costados sin coser del bolso y el forro. Empezando a 3 cm desde las esquinas, vuélvalos a coser juntos.

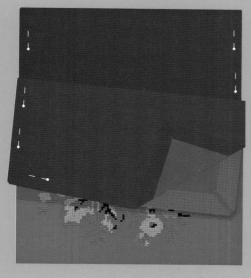

8 Ahora viene la parte difícil: encajar el bolso en las asas. Empuje un costado del forro hacia arriba, desde la parte de atrás a la de delante, por la ranura situada en el extremo inferior del asa. Préndalo con alfileres a la esquina correspondiente del frontal. Siga empujando el forro por la abertura, prendiéndolo con alfileres al frontal del bolso a medida que avance. Vuelva a coser los dos extremos siguiendo los pliegues. Cosa la otra asa a la parte trasera del bolso de la misma manera.

9 Para mantener el asa en su posición, aplique una hilera de pequeños puntos continuos para unir el bolso y el forro, a 3 cm desde el borde superior. Hágalo por las partes delantera y trasera del bolso.

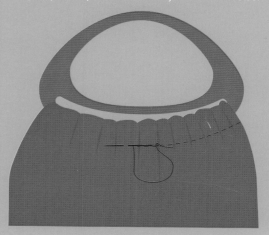

Sugerencia LAS ASAS ESTÁN HECHAS CON UN PLÁSTICO QUE RECUERDA AL NÁCAR,

SI NO PUEDE ENCONTRARLAS, UN PAR DE ASAS DE BAMBÚ NATURAL TAMBIÉN SERVIRÁN.

Monedero con flores de jardín

NIVEL DE DIFICULTAD: 2

Quería incluir en este libro un objeto bonito y práctico, y que además requiriera mi técnica favorita de aplicar el punto de cruz sobre un lienzo soluble. Se me ocurrió la idea de un monedero con cremallera y diseñé la tela exclusiva como fondo perfecto para las flores de estilo *vintage*.

MATERIALES

tela, hilos, cremallera y lienzo soluble,
hilo de algodón DMC para bordado
de los siguientes colores:

  azul (519)
  marrón (840)
  verde (989)
  rosa (3733)
  amarillo (3822)
  rosa oscuro (3832)
  blanco hueso (3865)
aguja de bordar
alfileres de sastre
máquina de coser
hilo de coser a juego

1 Embaste el lienzo soluble sobre el frontal del monedero. Marque el centro con dos hileras de hilo de embastar, alineándolas por las curvas del centro en los bordes superior, inferior y lateral del óvalo pintado.

2 El diseño se trabaja con punto de cruz utilizando dos hebras del hilo de bordar. Siguiendo el patrón de la pág. 80, y empezando por el centro de la tela, teja las rosas, las hojas, los tallos y los dos pequeños ramilletes.

3 Una vez terminado el diseño, descosa cuidadosamente los hilos del embaste y retire el lienzo soluble que haya sobrado.

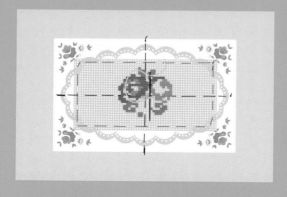

4 Para disolver el resto de lienzo soluble, lave con cuidado el frontal del monedero con agua caliente y jabonosa. Al mismo tiempo, lave la parte de atrás del monedero y la franja para evitar que la tela de algodón se encoja en posteriores lavados. Remoje las tres piezas por completo y luego déjelas secar al natural.

Sugerencia SI PREFIERE COSER A MANO LA CREMALLERA, CONFECCIONE EL MONEDERO DEL MISMO MODO QUE EL ESTUCHE DE LÁPICES CON BANDERA BRITÁNICA DE LA PÁG. 82.

Monedero con flores de jardín

5 Coloque el frontal derecho del monedero boca abajo sobre una servilleta plegada y planche suavemente para eliminar cualquier pliegue o arruga. Planche las otras dos piezas de la misma manera.

6 Corte dos rectángulos de 3 × 4 cm de la tira suelta: se utilizarán para hacer las solapas que dan un buen acabado a la cremallera.

7 Añada la cremallera. Coloque una lengüeta con el derecho boca abajo, por el extremo inferior de la cremallera para que el borde corto quede 1 cm por encima del mecanismo que une los dientes. Embaste la lengüeta a la cremallera por encima del mecanismo. Cosa por esta línea. Dé la vuelta a la lengüeta y planche por la costura.

8 Mida y marque un punto de 15 cm por encima de la costura. Abra la cremallera. Coloque la segunda lengüeta por ambos lados de aquella, con el derecho hacia abajo para que el extremo corto quede 1 cm por encima del punto marcado. Embaste la lengüeta y cosa a máquina la cremallera. Planche la lengüeta y cierre la cremallera.

9 Con los derechos encarados, sitúe la cremallera en el centro del frontal del monedero, con el tirador en el extremo superior derecho. Sujete con alfileres el extremo de la cremallera con la parte superior del frontal del monedero, a 5 mm desde el borde sin rematar. Embaste la cremallera y ábrala.

10 Encaje un pie de cremallera a la máquina de coser de modo que los puntos sigan la cremallera. Cosa los primeros 5 cm de esta en el lugar que le corresponde, a 5 mm del borde interior. Manteniendo la aguja hacia abajo, levante el pie de cremallera y luego vuelva a cerrar esta. Cosa el resto de la misma. Pula los extremos de las lengüetas de modo que queden alineadas con los extremos del frontal del monedero.

11 Una la parte trasera del monedero con el otro lado de la cremallera exactamente del mismo modo.

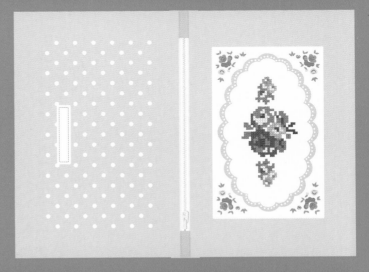

12 Con los derechos encarados, prenda con alfileres los extremos inferiores de las partes delantera y trasera del monedero. Cosa a máquina dejando un margen de costura de 1 cm.

13 Prenda con alfileres y cosa los laterales desde las esquinas inferiores hasta el borde superior. Cosa hasta la costura que queda entre el borde superior y la cremallera.

14 Recorte un pequeño triángulo de cada esquina inferior (corte 4 mm en diagonal desde los puntos de la esquina). Recorte los márgenes de la costura en unos 5 mm y cosa con puntos de zigzag para rematar.

15 Dé la vuelta al monedero. Con la punta no afilada de un lápiz, afloje y alise las esquinas de modo que formen ángulos rectos. Planche suavemente con un trapo encima para proteger la superficie de los puntos.

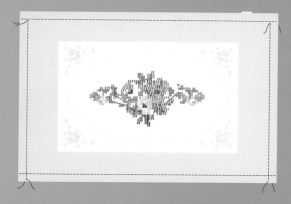

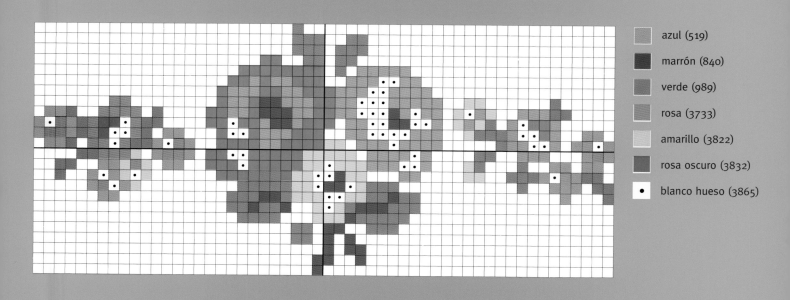

azul (519)

marrón (840)

verde (989)

rosa (3733)

amarillo (3822)

rosa oscuro (3832)

• blanco hueso (3865)

Monedero con bandera

MATERIALES

20 × 30 cm de marco de tapiz para
  un cañamazo de calibre 10
hilo DMC de lana de tapiz de los siguientes
  colores:
  amarillo (7504): 1 madeja
  blanco hueso (7510): 2 madejas
  rosa oscuro (7603): 1 madeja
  rosa claro (7605): 1 madeja
  rojo (7666): 3 madejas
  azul (7802): 2 madejas
  verde (7911): 1 madeja
aguja de tapiz
máquina de coser
16 × 23 cm de entretela con estampado floral
20 cm de cremallera roja
23 × 30 cm de forro de topos
hilo de algodón de coser a juego
aguja de coser

NIVEL DE DIFICULTAD: 3

He aquí mi nueva versión de un diseño icónico y que nunca
pasa de moda: un monedero con la bandera británica, embellecido
con pequeños motivos florales y topos de polka. Una entretela
de flores y un forro de topos azules continúan el tema en rojo,
blanco y azul. No tema por la cremallera: es muy fácil de coser
a mano.

1 Marque el centro de la tela en punto de cruz. Una los bordes
de la tela con cinta adhesiva o encájela en un bastidor. El diseño
se aplica en punto gobelino y requiere un recuento cuidadoso.
Si sigue el patrón de la pág. 84, aplique los bordes blancos
a la cruz roja del centro.

2 Siempre es más fácil trabajar los detalles primero y luego rellenar
el fondo que los rodea. Trabaje las seis espigas florales dentro
de la cruz central y luego llene el fondo rojo.

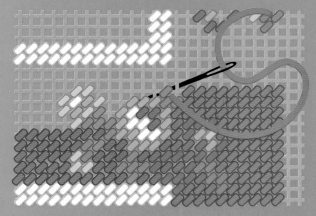

3 A continuación, trabaje las diagonales rojas y las flores, y luego
los bordes blancos. Termine aplicando los triángulos azules.

4 Una vez termine el diseño, inmovilice el cañamazo si es necesario.
Recorte el lienzo sobrante dejando un margen de 2 cm por el
contorno. Con los derechos encarados, coloque el frontal del
monedero encima del panel de la entretela y cosa por el costado
y el borde inferior. Con el frontal arriba, cosa estos tres costados
siguiendo la línea por la que el lienzo sin tejer y el tejido se cruzan.

5 Recorte un pequeño triángulo de cada esquina para reducir
el volumen. Vuelva el monedero. Planche un dobladillo de 2 cm
por el borde superior y luego planche suavemente el monedero
con un trapo para proteger la superficie de los puntos.

Sugerencia UTILICÉ MI ESTAMPADO DE ROSA ROJA DE MERCERÍA EN LA ENTRETELA. PARA QUE AGUANTARA EL DESGASTE DIARIO

TENÍA QUE SER UNA TELA ALGO PESADA, ASÍ QUE UNÍ EL TEJIDO A UN RETAL DE CALICÓ CON FLISELINA ANTES DE CORTAR EL TAMAÑO EXACTO.

Monedero con bandera

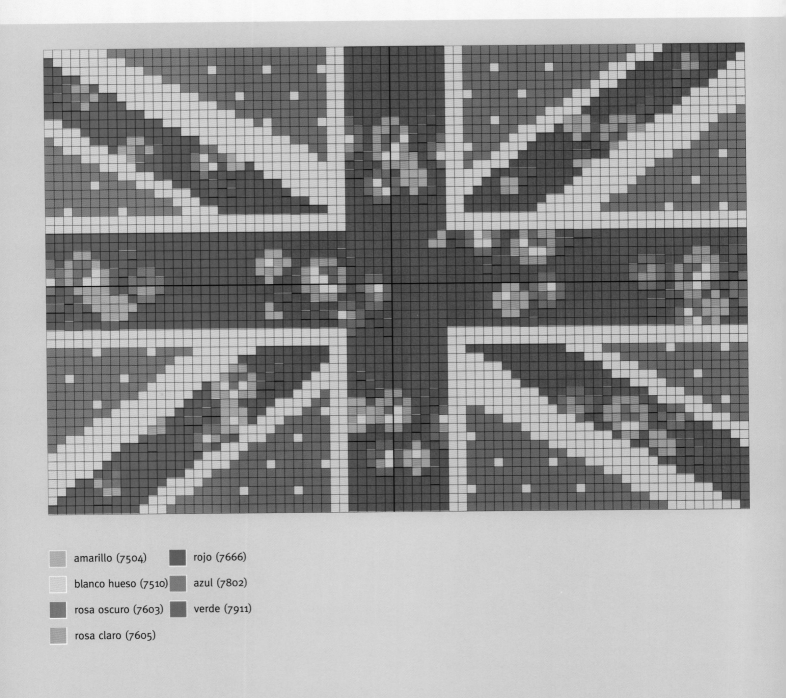

	amarillo (7504)		rojo (7666)
	blanco hueso (7510)		azul (7802)
	rosa oscuro (7603)		verde (7911)
	rosa claro (7605)		

6 Doble el panel del forro a medio largo. Prenda con alfileres y cosa a máquina las costuras laterales, dejando un margen de costura de 2 cm. Vuelva a recortar este último a 6 mm y planche. Planche asimismo un dobladillo de 2 cm por el borde superior.

8 Introduzca el forro en el monedero. Alinee las costuras laterales y prenda con alfileres la abertura del forro donde le corresponda de modo que quede a 6 mm por debajo del borde superior de la cremallera. Cosa con hilo invisible e hilo a juego el borde doblado del forro a la cremallera.

7 Abra la cremallera de modo que el tirador quede en el extremo cerrado. Prenda el lado derecho de la cremallera con el frontal del monedero, alineándolo y que sobresalga 6 mm por encima del borde superior y los dientes empiecen a 1 cm desde la esquina. Encaje el otro extremo de la cremallera en el monedero y prenda con alfileres el borde izquierdo de aquella y la parte de atrás del monedero. Embaste y cosa con puntos invisibles con hilo de coser a juego.

Sugerencia SI NO DESEA COSER A MÁQUINA EL MONEDERO, PLANCHE LOS MÁRGENES DEL LIENZO Y DE LA COSTURA

SOBRE LA ENTRETELA. CÓSALOS A MANO POR LOS BORDES LATERAL E INFERIOR CON UN DOBLE LARGO DE HILO DE COSER A JUEGO.

85

Estuche con Stanley

MATERIALES

35 × 25 cm de marco de tapiz para
un cañamazo de calibre 10

hilo DMC de lana de tapiz de los siguientes
colores:

beis (7520); tostado (7525);

negro (7624): 1 madeja de cada

gris (7626); rojo (7666): 3 madejas
de cada

aguja de tapiz

50 cm de largo de ribete de 3 mm

40 × 60 cm de franela gris para el forro
y el ribete

16 × 25 cm de entretela roja de algodón

cremallera de 25 cm

hilo de coser a juego

aguja de coser

NIVEL DE DIFICULTAD: 3

Stanley, mi adorable y a veces travieso terrier, se ha convertido en toda una estrella por derecho propio. Su característico retrato aparece en un radiante broche de cristal y como logo de una marca de ropa para niños, e incluso tiene su propia tela. Para sus seguidoras, he aquí tres bordados de Stanley paseando por un estuche para lápices con cremallera.

1 Marque el centro del lienzo. Una los bordes de la tela con cinta adhesiva o encájela en un bastidor si así lo desea.

2 La parte principal del diseño se aplica en punto gobelino. Siguiendo el patrón de la pág. 88, en que cada recuadro coloreado representa un punto gobelino, trabaje el Stanley del medio. Después, añada el otro perro tostado y negro por la izquierda y luego su amigo beis y tostado por la derecha. Llene el fondo gris con punto gobelino.

3 El borde rojo se trabaja con punto de mosaico (*véase* pág. 18). Siguiendo el mismo patrón de la pág. 88, en que cuatro recuadros rojos representan un punto de mosaico, aplique el primer punto de mosaico rojo en la esquina superior izquierda, al mismo nivel que el punto gobelino gris, y luego continúe la hilera hacia la derecha. El borde rojo tiene cuatro puntos de mosaico de profundidad.

4 Cuando termine el diseño, inmovilice el lienzo si es necesario. Recorte el lienzo sobrante dejando un margen de 2 cm en el contorno.

5 Planche y luego despliegue un dobladillo de 2 cm alrededor del panel de la entretela. Ensamble las esquinas para reducir el volumen planchando las esquinas hacia dentro y alisando los pliegues. Repase los extremos de cada uno de los triángulos de las esquinas y después vuelva a planchar los dobleces. Planche y ensamble las esquinas del frontal cosido del estuche exactamente del mismo modo.

6 Prepare un tramo de 48 cm de ribete gris. Siga las instrucciones dadas para cubrir con cordoncillo en los pasos 3 y 5 del cojín con bandera de las págs. 47 y 49.

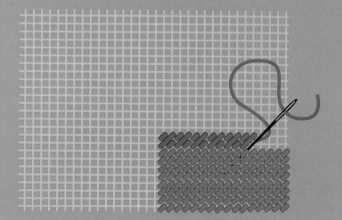

Sugerencia TRABAJAR CON LIENZO, ENTRETELA Y UN FORRO, ADEMÁS DEL RIBETE Y LA CREMALLERA, PUEDE RESULTAR DIFÍCIL,

ASÍ QUE RECOMIENDO COSER EL ESTUCHE A MANO PARA ASEGURAR UN ACABADO PERFECTO.

Estuche
con Stanley

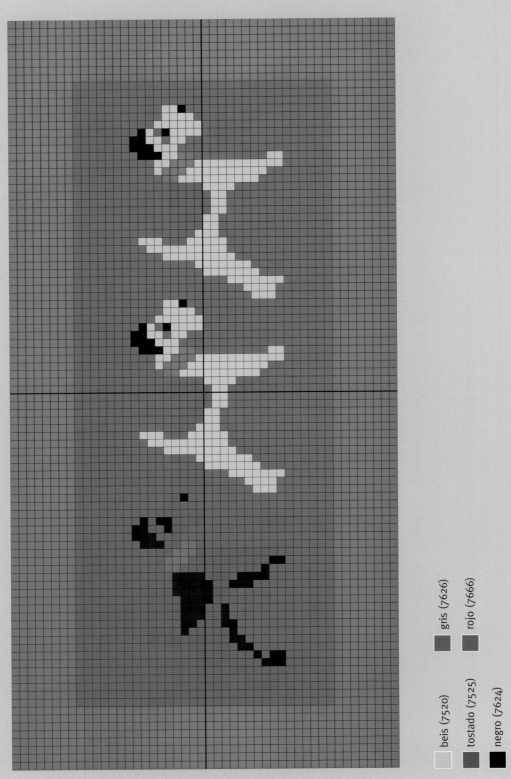

7 Empezando por una esquina de la parte superior del frontal del estuche, embaste el ribete por el costado y el borde inferior. Sitúelo de manera que el cordón sobresalga por los bordes planchados. Recoja los dos extremos sueltos por detrás del lienzo, unos 6 mm por debajo de las esquinas superiores, y recorte. Haga un pequeño corte en la tela gris en cada esquina de modo que el ribete se doble en los ángulos rectos.

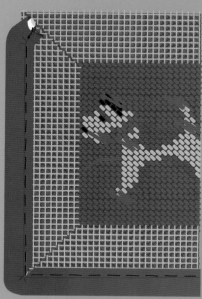

8 Con los derechos encarados, coloque el panel de la entretela encima del frontal del estuche con ribete. Prenda con alfileres y embaste por el lateral y el borde inferior. Cosa a mano los extremos doblados con punto invisible y el ribete. Haga lo mismo en el frontal.

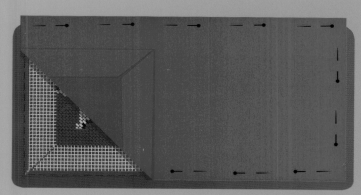

9 Abra del todo la cremallera de forma que el tirador quede en el extremo cerrado. Prenda con alfileres el borde izquierdo de la cremallera al frontal del estuche, alineando la cinta de modo que quede por debajo del lienzo. Recoja los extremos dentro del estuche y sujete con alfileres el borde derecho de la cremallera con la parte trasera de la misma manera. Embaste y cosa con punto invisible.

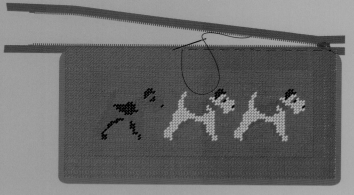

10 Para preparar el forro, corte dos rectángulos que midan 16 cm de alto por 23 cm de ancho de la tela gris sobrante. Prenda con alfileres y embaste las dos telas por el costado y el borde interior. Cosa a máquina con un margen de costura de 6 mm. Planche este último hacia dentro, así como un dobladillo de 3 cm por el borde superior.

11 Introduzca el forro en el interior del estuche. Préndalo con alfileres, cotejando las costuras laterales y con el borde doblado 6 mm por debajo de los dientes de la cremallera. Cosa con punto invisible.

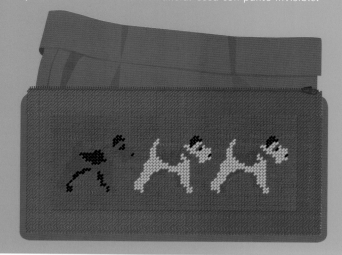

Sugerencia LA CREMALLERA «INVISIBLE» ESTÁ PENSADA PARA QUE LOS DIENTES QUEDEN POR DEBAJO DE LA CINTA Y NO PUEDAN VERSE.

EN ESTA LABOR QUEDA BIEN PORQUE EL ACABADO DISCRETO SE CORRESPONDE CON LOS BORDES RIBETEADOS.

Funda de rayas para móvil

MATERIALES

20 × 25 cm de cinta adhesiva para lienzo
de calibre 14

hilo de algodón DMC para bordado
de los siguientes colores:
beis (822); verde claro (927): 2 madejas
de cada
azul claro (164); azul oscuro (3768);
coral (893); limón (677); rosa (3326):
1 madeja de cada

aguja fina de tapiz

15 × 18 cm de relleno ligero

15 × 18 cm de entretela de estampado floral

18 × 24 cm de forro azul claro

alfileres de sastre

aguja de coser

hilo de coser a juego

NIVEL DE DIFICULTAD: 1

Los complementos funcionales no siempre han de tener un aspecto utilitario, tal como demuestra este sofisticado estuche. Está bordado con punto gobelino y consta de seis hebras de hilo, lo cual le da un acabado liso y brillante, y además está reforzado con una tela de algodón con motivos florales. Si prefiere un aspecto menos pastel, trate de utilizar la paleta de colores que elegí para la alfombra de rayas de las págs. 114-115.

1 Una los bordes de la tela con cinta adhesiva o encájela en un bastidor si así lo desea. Marque el punto de partida de la primera hilera de puntos a 7 cm en diagonal desde la esquina superior de la derecha.

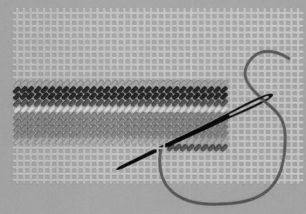

2 El diseño se aplica en punto gobelino utilizando seis hebras del hilo de bordar. De acuerdo con el patrón de la pág. 92, vaya trabajando cada hilera de franjas de colores.

3 Una vez terminado el diseño, retire el lienzo del marco e inmovilícelo si es necesario. Recorte el cañamazo sobrante dejando un margen de 1 cm en el contorno.

4 Coloque el relleno de plancha por el reverso del panel de la entretela floral, con la parte adhesiva boca abajo. Plánchela donde corresponda, siguiendo las instrucciones del fabricante. Recórtela al mismo tamaño que el frontal del estuche, añadiendo una ligera curva en cada esquina del borde inferior.

5 Coloque el frontal del estuche boca abajo sobre una servilleta limpia y plegada, y planche el margen de los costados y el borde inferior. Planche un dobladillo de 2 cm por el margen superior. Doble las esquinas de la parte inferior y planche formando unas suaves curvas.

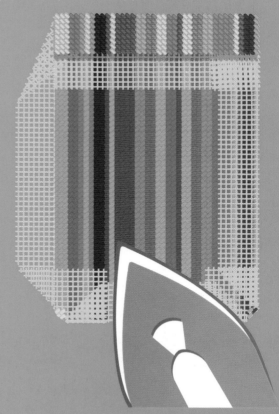

Sugerencia ESTA FUNDA LA DISEÑÉ PARA MI MÓVIL. EN FUNCIÓN DEL TAMAÑO DEL TELÉFONO O REPRODUCTOR DE MP3, INCREMENTE

EL NÚMERO DE PUNTOS POR CADA HILERA O REDUZCA EL NÚMERO DE HILERAS DE LA LABOR.

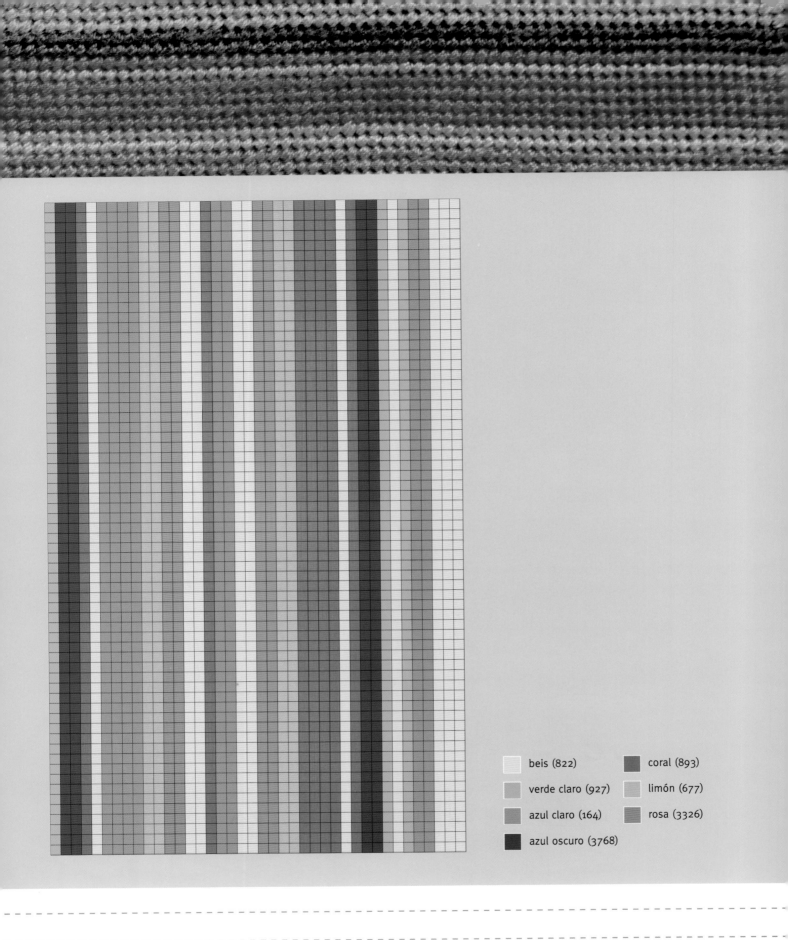

beis (822)

verde claro (927)

azul claro (164)

azul oscuro (3768)

coral (893)

limón (677)

rosa (3326)

Funda de rayas para móvil

6 Planche un dobladillo de 1 cm por el costado y el borde inferior del panel de la entretela, y luego un doblez de 2 cm por el borde superior. Utilice solo la punta de la plancha para planchar los bordes de la tela; procure evitar planchar el relleno, ya que de lo contrario perderá volumen. Embaste los dobleces del panel de la entretela, alisando la tela en las suaves curvas de las esquinas.

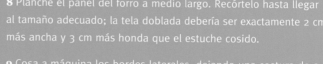

7 Con los derechos encarados, coloque el panel de la entretela encima del frontal del estuche y prenda con alfileres el costado y el borde inferior. Con un doble filamento de hilo de coser a juego, vuelva a coser estos tres costados.

8 Planche el panel del forro a medio largo. Recórtelo hasta llegar al tamaño adecuado; la tela doblada debería ser exactamente 2 cm más ancha y 3 cm más honda que el estuche cosido.

9 Cosa a máquina los bordes laterales, dejando una costura de 2 cm. Planche el tubo plano resultante de modo que la costura quede en el centro de la cara superior y luego planche la costura en abierto.

10 Corte una pequeña curva de cada esquina inferior y cosa a máquina 1 cm del borde inferior. Recorte el margen de la costura a unos 4 mm de manera que el forro encaje perfectamente en el interior del estuche.

11 Planche un doblez de 1,5 cm alrededor de la abertura del forro y embástelo.

12 Introduzca el forro preparado dentro del estuche. Con la costura del centro de la parte de atrás, prenda con alfileres y embaste el forro donde corresponda. Vuelva a coser los bordes del forro y el estuche utilizando un doble largo de hilo a juego.

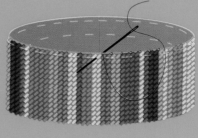

Sugerencia PARA MAYOR SEGURIDAD, PUEDE COSER UN BOTÓN EN LA PARTE CENTRAL DEL FRONTAL, CERCA DE LA ABERTURA, E INSERTAR UN LAZO, UN PEQUEÑO CORDONCILLO O UN ELÁSTICO EN LA COSTURA POR EL CENTRO DE LA PARTE TRASERA.

Funda para gafas con flores

MATERIALES

20 × 30 cm de cañamazo simple de calibre 14
hilo de algodón DMC para bordado
  de los siguientes colores:
    rojo (349); verde (469); amarillo (733);
    rosa (3805): 1 madeja de cada
    violeta (915); lila (3835): 2 madejas de cada
    blanco hueso (648): 3 madejas
aguja pequeña de tapiz
11,5 × 20,5 cm de entretela verde
cuadrado de 50 cm de forro de algodón rosa
90 cm de ribete delicado
17 × 16 cm de relleno ligero
máquina de coser
hilo de coser a juego
aguja de coser
alfileres de sastre

NIVEL DE DIFICULTAD: 3

Ya no tiene excusa: si deja las gafas a buen recaudo en esta funda, no volverá a perderlas. Tiene un aspecto parecido al estampado de flores eléctricas, pero con colores brillantes. Al igual que la funda para móvil, se teje sobre lienzo fino con hilo de bordado para crear una superficie sedosa de brocado.

1 Marque el centro del lienzo. Una los bordes de la tela con cinta adhesiva o encájela en un bastidor si así lo desea. El diseño se trabaja con punto gobelino utilizando las seis hebras del hilo de bordar. Siguiendo el patrón de la pág. 96, trabaje los contornos de cada flor, luego añada los pétalos de colores y los centros, y por último rellene el fondo lila.

2 Cuando haya terminado el diseño, inmovilice el lienzo acabado si es necesario. Recorte el cañamazo sobrante hasta que quede un margen de 2 cm de contorno. Recorte un pequeño triángulo en cada esquina (cortado en diagonal a 5 mm de los puntos). Planche cada esquina en ángulos de 45 grados y luego planche el margen de cada borde.

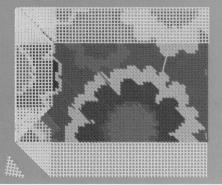

3 Prepare un filamento de 65 cm de ribete rosa. Siga las instrucciones dadas para cubrir con cordoncillo de los pasos 3 al 5 del cojín con bandera de las págs. 47 y 49.

4 Empezando por el extremo inferior izquierdo, cosa el ribete con punto invisible por el borde del frontal de la funda. Trabaje por el lado derecho y sitúe la labor de modo que el ribete encaje por el borde tejido. Haga un pequeño corte en la tela rosa de cada esquina de manera que el ribete se doble en los ángulos rectos. Recoja ambos extremos por debajo de las esquinas en las que se encuentren.

5 Planche, y luego despliegue, un dobladillo de 2 cm alrededor del panel verde de la entretela. Ensamble las esquinas exactamente del mismo modo que en el frontal de la funda. Compruebe que tanto este último como el panel de la entretela sean del mismo tamaño; ajuste los dobleces si es necesario.

Sugerencia PARA QUE EN LA FUNDA QUEPAN LAS GAFAS DE SOL, INCREMENTE EL ANCHO ADAPTANDO

LOS COLORES UTILIZADOS PARA EL PATRÓN DEL COJÍN DE LA PÁG. 60.

rojo (349)

verde (469)

amarillo (733)

rosa (3805)

violeta (915)

lila (3835)

blanco hueso (648)

Funda para gafas con flores

6 Prepare un filamento de 10 cm de ribete rosa. Embástelo por el borde corto del panel de la entretela. Doble los extremos del ribete formando un ángulo y cósalos.

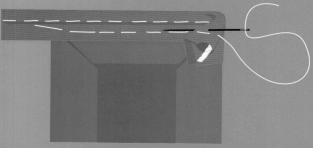

7 Desde la derecha, cosa el ribete con punto invisible al extremo doblado del panel de la entretela.

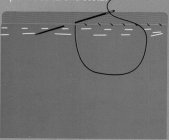

8 Con los derechos encarados, prenda la entretela con alfileres a la parte frontal por el costado y el borde inferior. Cósalos a mano de un solo golpe, pasando la aguja por el derecho y el revés justo por debajo del ribete.

9 Corte un rectángulo de 17 × 18 cm a partir de la tela rosa sobrante. Aplique el acolchado con la plancha por el revés, ajustando los bordes inferiores. Planche un doblez de 2 cm por el borde superior para cubrir el acolchado.

10 Cosa a máquina los laterales, dejando un margen de costura de 8 mm. Recorte este último a 5 mm. Planche el tubo plano resultante de modo que la costura quede en el centro del borde superior y luego planche la costura en abierto. Cosa a máquina el borde inferior, dejando un margen de costura de 1 cm, y recórtelo a 5 mm de modo que el forro encaje bien dentro del estuche. Vuelva a planchar un doblez de 1,5 cm por la abertura del forro y embaste.

11 Introduzca el forro preparado por el interior del estuche, con la costura por el centro de la parte de atrás. Con una regla o una aguja de tejer resistente, empuje las esquinas del forro por el interior de la funda. Prenda con alfileres y embaste tanto esta última como el forro por la abertura de modo que aquel quede por debajo del ribete. Por último, cosa con punto continuo.

Sugerencia LAS PROPORCIONES DE ESTA FUNDA TAMBIÉN PODRÍAN ADAPTARSE

A UNA VERSIÓN FLORAL DE LA FUNDA DE RAYAS PARA MÓVIL DE LA PÁG. 90.

Insignias

MATERIALES

3 cuadrados de 10 cm de cinta adhesiva
    para un cañamazo de calibre 12
hilo de algodón DMC para bordado
    de los siguientes colores:
      rosa claro (151); verde claro (503);
      turquesa (598); amarillo (676);
      marrón medio (841); beis oscuro
      (3033); rosa oscuro (3731); rojo (3801);
      verde medio (3848); marrón (3857);
      blanco hueso (3865)
aguja de tapiz
plancha
pegamento
aguja de coser
bolso de lona
dedal

NIVEL DE DIFICULTAD: 1

Bordar la funda de un cojín es reconfortante, pero puede llevar muchas horas. Para aquellas veces en las que prefiera un resultado más instantáneo, se me ocurrió la labor de esta divertida serie de tres insignias con el motivo de Stanley, un ramillete de florecillas y dos apetitosas cerezas. Cósalas en una tarde para poner al día un bolso de tela vaquera o su chaqueta tejana... ¡O incluso un cojín!

1 Marque el centro del lienzo. Una los bordes del mismo con cinta adhesiva. Los diseños se trabajan en punto gobelino utilizando las seis hebras del hilo de bordado. Siguiendo el patrón de la pág. 100, aplique el motivo central, después llene el fondo y, por último, cosa el extremo de color.

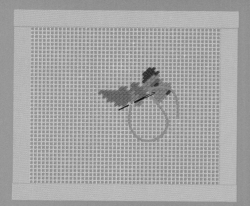

2 Una vez terminado el diseño, recorte el lienzo dejando 1 cm de margen en el contorno.

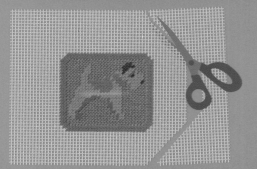

3 Coloque la insignia boca abajo sobre una servilleta limpia y plegada. Planche las esquinas hacia dentro en un ángulo de 45 grados con la punta de la plancha caliente. Planche los bordes del lienzo hacia dentro, doblando cuidadosamente el borde tejido. Ahora las esquinas están ensartadas. Sujete los dobleces con un poco de pegamento de barra.

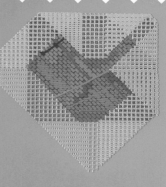

4 Cubra la parte trasera de la insignia con una fina capa de pegamento y luego colóquela en su bolso. Con dos filamentos de hilo de bordar del mismo color que el borde de la insignia, cosa los bordes con punto invisible para sujetarla. Necesitará un dedal para proteger la yema del dedo mientras inserta la aguja por la tupida tela vaquera.

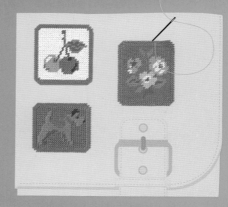

Sugerencia ESTAS PEQUEÑAS INSIGNIAS SON REGALOS ESTUPENDOS PARA AMIGOS Y FAMILIARES, ASÍ QUE ASEGÚRESE DE TENER SIEMPRE UN LIENZO A MANO. PUEDE COSER LOS TRES A PARTIR DE ONCE MADEJAS DE HILO, Y DE HECHO SOBRARÁ COMO PARA UNA SEGUNDA TANDA O INCLUSO UNA TERCERA.

Insignias

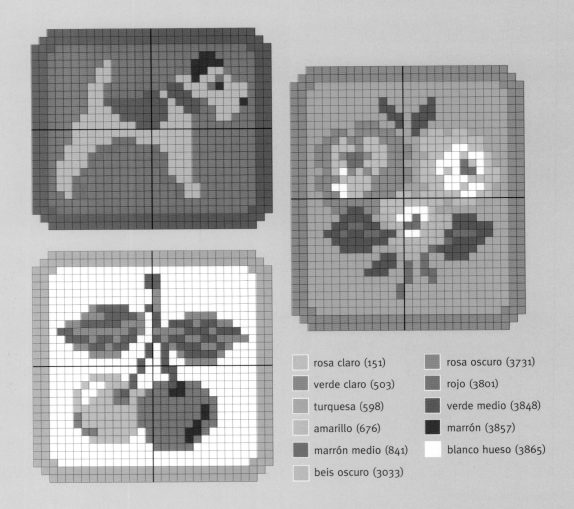

rosa claro (151)

verde claro (503)

turquesa (598)

amarillo (676)

marrón medio (841)

beis oscuro (3033)

rosa oscuro (3731)

rojo (3801)

verde medio (3848)

marrón (3857)

blanco hueso (3865)

Sugerencia LOS MOTIVOS INDIVIDUALES SON MUY VERSÁTILES. TRABÁJELOS CON HILOS DE LANA DE TAPIZ SOBRE UN CAÑAMAZO DE CALIBRE 10

PARA CONFECCIONAR ACERICOS, EN PUNTO DE CRUZ PARA UNA TARJETA DE FELICITACIÓN O APLICARLOS SOBRE UNA PRENDA CON CAÑAMAZO SOLUBLE.

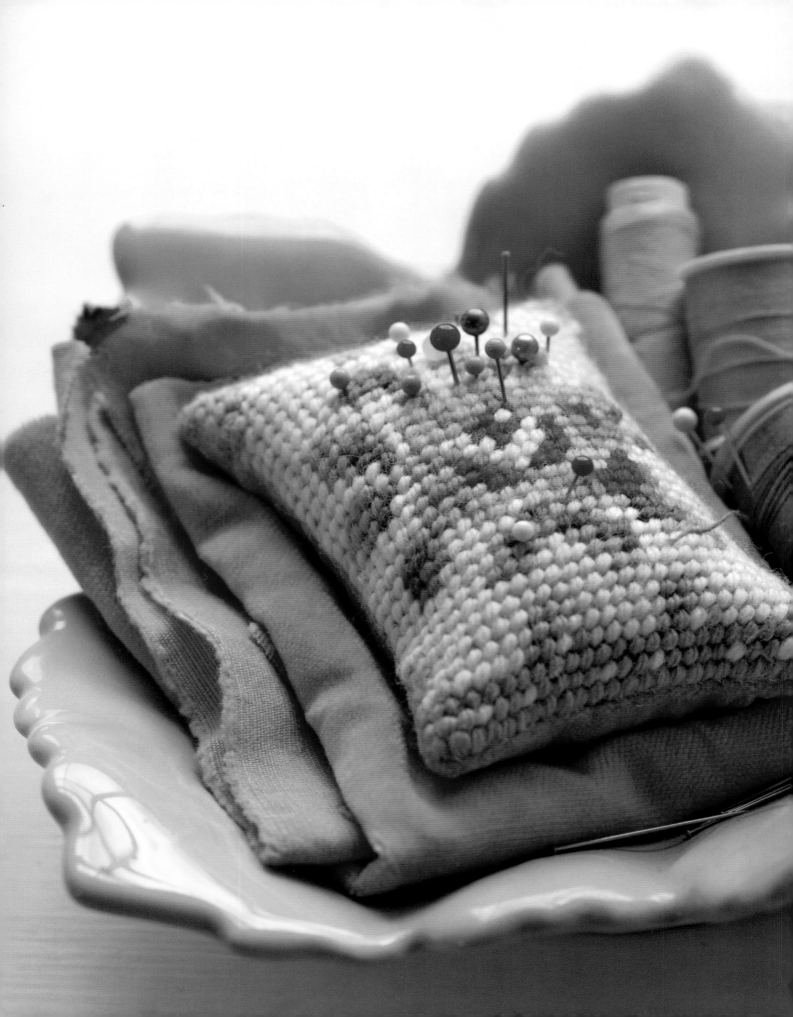

Acerico de rosas de Provenza

MATERIALES

15 × 20 cm de cañamazo de calibre 10
hilo de algodón DMC para bordado
  de los siguientes colores:
  blanco (blanc): 2 madejas
  verde claro (7369): 1 madeja
  verde oscuro (7386): 1 madeja
  rosa pálido (7605): 1 madeja
  rojo (7666): 1 madeja
  azul claro (7802): 1 madeja
  rosa medio (7804): 1 madeja
aguja de tapiz
10,5 × 13 cm de terciopelo para la entretela
una pequeña cantidad de relleno
  de poliéster
aguja de coser
hilo de coser a juego

NIVEL DE DIFICULTAD: 1

Uno de los placeres del bordado es reunir y crear el equipamiento que necesita para sus futuras creaciones. Un costurero bien equipado siempre debería contener un estuche de agujas, un metro, tijeras de bordar, una selección de hilos de coser y, muy importante, un acerico bien acolchado.

1 Marque el centro del lienzo. Una los bordes de la tela con cinta adhesiva o encájela en un bastidor. El diseño se trabaja con medio punto de cruz o punto gobelino. Siguiendo el patrón de la pág. 104, trabaje la rosa central. Añada las hojas y los pimpollos y luego añada el borde azul por los bordes superior e inferior. Rellene la superficie blanca, sin olvidar los puntos dentro del margen azul.

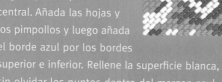

3 Coloque el acerico con la cara delantera boca abajo sobre una servilleta limpia y plegada. Planche las esquinas del lienzo hacia dentro, doblando cuidadosamente cada una de ellas por el borde de los puntos tejidos. Ahora las esquinas quedan ensambladas.

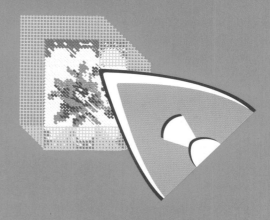

2 Cuando haya terminado el diseño, inmovilice el lienzo acabado si es necesario. Recorte el lienzo sobrante hasta dejar un margen de 2 cm.

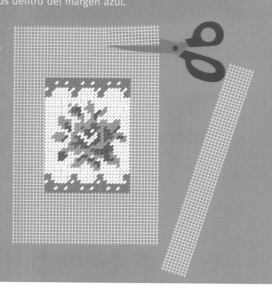

Sugerencia ESTE PROYECTO ES DEMASIADO PEQUEÑO PARA ENCAJAR EN UN MARCO, ASÍ QUE CONVIENE

UNIR LOS EXTREMOS DEL LIENZO CON CINTA ADHESIVA ANTES DE EMPEZAR LA LABOR.

Acerico de rosas de Provenza

4 Planche un dobladillo de 2 cm en cada extremo de la entretela. Coteje el tamaño con el frontal del acerico (deberían ser del mismo tamaño, así que ajuste los dobleces si no es así). Ábralos de nuevo y planche las cuatro esquinas hacia dentro, alisando los pliegues. Vuelva a planchar los dobladillos y embástelos.

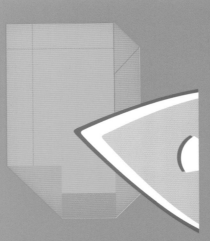

5 Una las partes delantera y trasera del acerico, con los derechos encarados. Las dos capas de tela serán demasiado gruesas para prender con alfileres, así que embástelas por los bordes exteriores.

6 Cosa a mano las partes delantera y trasera del acerico. Aplique pequeños puntos adicionales, recogiendo un hilo de lienzo y una reducida cantidad de terciopelo a la vez. Deje una abertura de 4 cm por un costado largo.

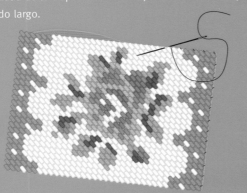

7 Inserte el relleno de poliéster en el acerico. Ajústelo en las esquinas con la punta de un lápiz hasta que el acerico quede uniforme. Por último, cosa la abertura para cerrar.

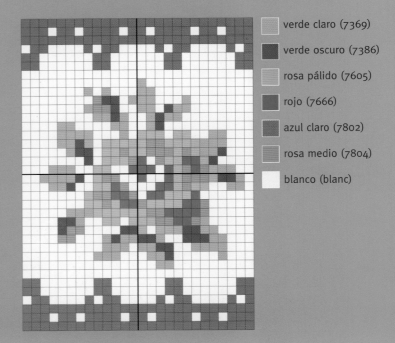

- verde claro (7369)
- verde oscuro (7386)
- rosa pálido (7605)
- rojo (7666)
- azul claro (7802)
- rosa medio (7804)
- blanco (blanc)

Sugerencia AÑADA UNA CUCHARADITA DE FLORES DE LAVANDA SECAS AL RELLENO DE POLIÉSTER:

NOTARÁ SU FRAGANCIA CADA VEZ QUE CLAVE UNA AGUJA.

Pantalón de peto con florecitas

MATERIALES

un par de pantalones de peto de tela vaquera
cuadrado de 7 cm de cañamazo soluble
hilo de algodón DMC para bordado de los
   siguientes colores (1 madeja de cada):
   azul (322)
   rosa oscuro (602)
   rosa claro (819)
   marrón (840)
   verde (912)
   rojo (3801)
aguja de bordado de ojo largo
hilo de embaste

NIVEL DE DIFICULTAD: 1

Los pantalones de peto son muy prácticos para los niños pequeños, pero las niñas apreciarán que estén bien decorados. El cañamazo soluble permite bordar patrones en punto de cruz directamente en telas como la vaquera, que no tienen una hebra regular. Por eso añadir esta florecita en el bolsillo será una tarea fácil.

■ azul (322)

▨ rosa oscuro (602)

□ rosa claro (819)

■ marrón (840)

■ verde (912)

■ rojo (3801)

1 Descosa con cuidado cualquier etiqueta o insignia del bolsillo del pantalón. Hilvane el cañamazo soluble en el lugar que le corresponda, situándolo por el centro 1 cm por debajo del borde superior. Aplique un par de puntos verticales para indicar el centro del lienzo.

2 Para evitar complicaciones con los puntos, cosa el motivo desde la parte superior hacia abajo. El diseño se aplica en punto de cruz por toda la labor utilizando tres hebras de hilo de bordar. Siguiendo el patrón de arriba, empiece por las dos hojas pequeñas, que quedan a ambos lados del punto central y 2 cm por debajo del borde superior del bolsillo. Continúe con las flores rojas y rosas, luego con la azul, las hojas restantes y, por último, los tallos.

3 Cuando termine el diseño, recorte el lienzo sobrante. Para disolverlo, lave cuidadosamente los pantalones en agua caliente y jabonosa siguiendo las instrucciones del fabricante. Enjuague, seque y planche como de costumbre.

Sugerencia   RESULTA DE MUCHA AYUDA INTRODUCIR LA MANO QUE NO COSE EN EL BOLSILLO PARA SOSTENER LA TELA

MIENTRAS ESTÁ COSIENDO, Y ES MEJOR APLICAR EL MOTIVO DESDE UN LADO QUE HACERLO EN LÍNEA RECTA.

Vestido con puntilla

MATERIALES

5 × 15 cm de lienzo soluble
hilo de algodón DMC para bordado de los
   siguientes colores (1 madeja de cada):
   crudo (ecru)
   verde (368)
   limón (445)
   rosa oscuro (892)
   rosa (894)
   azul claro (3753)
aguja de bordado
hilo de embastar

NIVEL DE DIFICULTAD: 1

Quedé encantada cuando me encontré con esta diminuta punta de encaje para enaguas en un mercado de antigüedades. Está cosida a mano a partir del algodón más delicado y lleva un acabado en flequillo en el dobladillo. Lo único que necesitó como toque final, décadas después de que se hiciera, fue un dibujo de flores bordadas en el canesú.

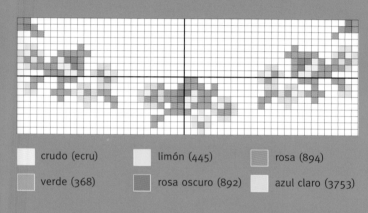

☐ crudo (ecru)	☐ limón (445)	☐ rosa (894)
☐ verde (368)	☐ rosa oscuro (892)	☐ azul claro (3753)

1 Doble el canesú del vestido por la mitad para hallar el centro. Marque el punto con puntadas de embaste vertical.

2 Corte una pieza de 4 × 5 cm de lienzo soluble y embástelo por el centro en el canesú.

3 El diseño se aplica en punto de cruz utilizando dos hebras de hilo de bordado. Siguiendo el patrón de arriba, aplique la flor rosa sobre el motivo central y, luego, las hojas verdes y los detalles restantes de la flor.

4 Cuando haya terminado el motivo central, recorte el lienzo sobrante para dejar espacio a los otros motivos. Decida la posición de la siguiente espiga, colocándola un poco más arriba si se prefiere para seguir la curva del cuello.

5 Corte una segunda pieza de lienzo y embástela. Teja la espiga como antes. Repita por el lado contrario de modo que cada espiga sea equidistante del motivo central. Añada los otros dos pimpollos diminutos en los bordes exteriores.

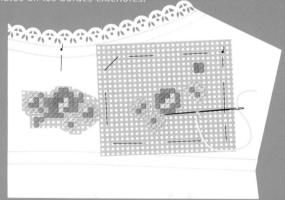

6 Para disolver el lienzo, lave cuidadosamente el vestido con agua caliente y jabonosa siguiendo las instrucciones del fabricante. Aclare, deje secar y planche como de costumbre.

Sugerencia APLIQUE ESTOS PEQUEÑOS Y VERSÁTILES MOTIVOS EN UNA CURVA DE UN CUELLO

O CÓSALOS DE MANERA QUE FORMEN HILERAS O QUEDEN DESPERDIGADOS POR UNA ZONA MÁS AMPLIA.

Corazones de lavanda

MATERIALES

cuadrado de 15 cm de tela de punto
   de cruz de calibre 14
hilo de algodón DMC para bordado
   de los siguientes colores:
   crudo (ecru)
   rosa medio (603)
   marrón (840)
   verde (954)
   lila (3042)
   rosa oscuro (3804)
aguja de punto de cruz
cuadrado de 10 cm de entretela ligera
cuadrado de 15 cm de entretela
30 cm de ribete de encaje
papel de calco y lápiz
hilo de coser a juego
lavanda seca

NIVEL DE DIFICULTAD: 1

Ningún libro de proyectos de bordado queda completo
sin una bolsita de lavanda. Este elegante saquito aromático
es un magnífico proyecto para principiantes, ya que introduce
nuevos puntos básicos de costura a mano. Solo requiere
una pequeña cantidad de hilo y tela, y seguramente le
sobrará tanto material que podrá confeccionar más corazones
para sus amistades.

1 Doble ligeramente la tela de punto de cruz en cuartos para marcar
el punto central. Empezando con las flores y después por las hojas,
cosa el motivo utilizando dos hebras de hilo de bordar.

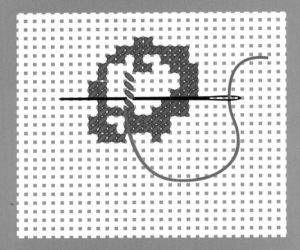

2 Dibuje o haga una fotografía de una plantilla de corazón y luego
recórtela. Colóquela sobre el entrelazado y dibuje el contorno
de la figura con un lápiz afilado. Corte por el contorno.

3 Coloque el corazón por el centro de la parte trasera del
bordado de algodón, con la parte adhesiva boca abajo.
Siga las instrucciones del fabricante y planche (así evitará
que la lavanda se filtre por los agujeros de la tela).

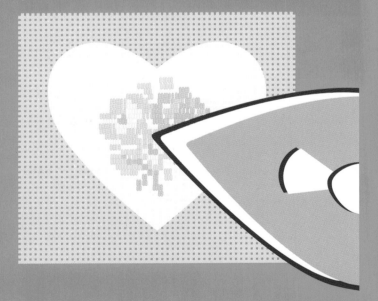

4 A continuación, embaste la plantilla directamente sobre el
entrelazado y recorte la tela de punto de cruz hasta lograr un margen
de 8 mm de contorno en la parte superior del corazón.

Sugerencia LA TELA EN PUNTO DE CRUZ TIENE UNA AMPLIA VARIEDAD DE TONOS PASTEL. ESTA VEZ ELEGÍ UN SUAVE AZUL CIELO,

PERO LAS FLORES PUEDEN QUEDAR IGUAL DE BIEN CON UN FONDO DE VERDE PÁLIDO, ROSA POLVO, LIMÓN O MARFIL.

Corazones de lavanda

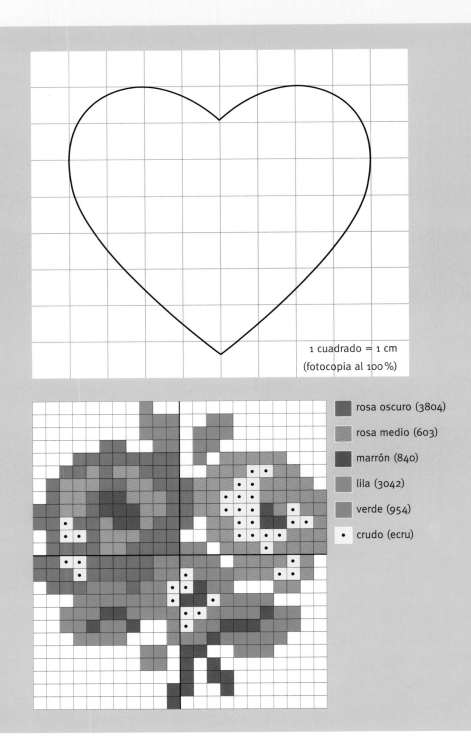

1 cuadrado = 1 cm
(fotocopia al 100 %)

- rosa oscuro (3804)
- rosa medio (603)
- marrón (840)
- lila (3042)
- verde (954)
- crudo (ecru)

5 Dé la vuelta al margen y embástelo a la plantilla, alisándolo por los contornos curvos. Planche desde el revés y retire la plantilla.

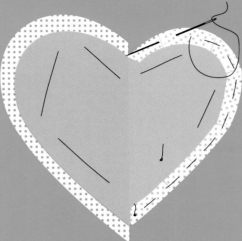

6 Doble el encaje por la mitad hasta encontrar el centro. Empezando con este punto escondido detrás de la punta del corazón, cosa el encaje con punto invisible por el lado derecho del corazón. Embaste el cabo suelto hacia abajo entre las dos curvas de arriba y cosa donde corresponda. Cosa el otro costado de la misma manera.

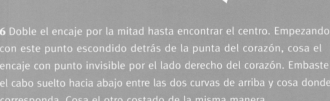
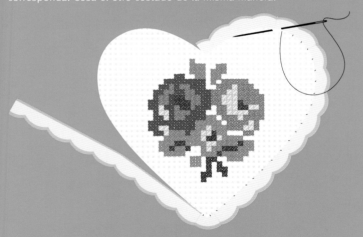

7 Embaste la plantilla a la entretela, recorte y embaste los bordes tal como hizo antes para confeccionar el corazón.

8 Con los reveses encarados, prenda con alfileres y embaste la parte delantera con la trasera.

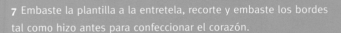

9 Cosa por el extremo pasando la aguja desde la parte delantera a la trasera por el encaje. Deje una abertura de 3 cm por un costado.

10 Llene el saquito con lavanda, una cucharadita cada vez, empujando los pimpollos secos por los contornos curvos. Cierre la brecha con puntos invisibles y limpios.

Sugerencia PUEDE CONVERTIR FÁCILMENTE EL SAQUITO DE LAVANDA EN UN CORAZÓN PARA COLGAR. COSA UNA CINTA POR EL CENTRO DE LA PARTE SUPERIOR, ATE LOS CABOS PARA HACER UN LAZO Y COLÓQUELO SOBRE UN COLGADOR O UN POMO DE PUERTA.

113

Alfombra de rayas

NIVEL DE DIFICULTAD: 2

Esta espléndida alfombra es muy llamativa. Después de las sutiles líneas de la funda para móvil, quise probar algo parecido pero a escala mucho mayor. He aquí el resultado. No es el tipo de proyecto que puede terminarse en un mes: volverá a esta alfombra una y otra vez, y mientras tanto aprenderá a aplicar nuevos puntos con textura.

MATERIALES

70 × 100 cm de cinta adhesiva para cañamazo de alfombra de calibre 5
hilo de algodón DMC para bordado de los siguientes colores:
crudo (7271): 30 madejas
verde medio (7384): 10 madejas
amarillo (7422): 6 madejas
negro (7538): 5 madejas
azul medio (7592): 20 madejas
rosa oscuro (7640): 27 madejas
rosa claro (7804): 7 madejas
aguja de tapiz extra grande
60 × 95 cm de lino o arpillera para la entretela
alfileres de sastre
hilo para colcha
aguja grande de coser

El patrón de la pág. 117 muestra solo un bloque del diseño repetido de rayas. Extienda la longitud de las franjas y repita el diseño tantas veces como sea necesario hasta cubrir el lienzo. En este caso, las medidas de la alfombra son aproximadamente de 50 × 92 cm: utilicé las cantidades de lana de tapiz que figuran en el listado y repetí dos veces el bloque de franjas. No es preciso comprar todas las hebras a la vez, ya que las diferencias en el tinte que pueda haber no incidirán en el producto acabado. Así, basta con que compre unas cuantas madejas y vaya añadiendo más sobre la marcha.

1 Una los bordes del lienzo con cinta adhesiva.

2 Enhebre una aguja grande de tapiz con un filamento de 120 cm de hebra azul oscuro y ate los cabos para trabajar con un doble grueso que cubra por completo el lienzo. Empiece cosiendo unos 13 cm en diagonal a partir de la esquina inferior izquierda, con el costado corto del lienzo boca arriba.

3 La primera hilera de puntos, representados por las dos primeras hileras de cuadrados a la derecha del patrón, está compuesta de 46 puntos de cruz dobles. (Las instrucciones sobre cómo aplicar el punto de cruz doble y los otros puntos decorativos que se utilizan para confeccionar esta alfombra pueden encontrarse en las págs. 18-19 de este libro). La segunda hilera, representada por una única línea de cuadrados, es una línea de puntos de cruz de brazo largo (*véase* pág. 18) aplicados con un doble tramo de hebra en tono crudo.

4 La tercera hilera, representada de nuevo por dos líneas de cuadrados, conforma otra de dobles puntos de cruz, esta vez en rosa oscuro.

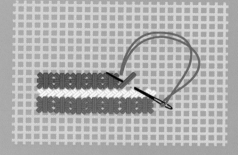

5 Aplique dos hileras de punto de cruz amarillo y otra de cruz doble en rosa oscuro. La hilera siguiente, aplicada en punto gobelino en sesgo (*véase* pág. 19), se aplica sobre dos hilos del lienzo utilizando tres tramos de hebra en tono crudo. Es solo para cubrir el lienzo y el punto gobelino en sesgo, así que use tres tramos a la vez.

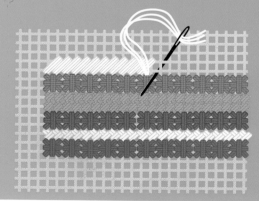

Sugerencia APLIQUE CADA TIRA DE UN COLOR O, TAL COMO HICE YO, MEZCLE UNAS CUANTAS MADEJAS DE TONOS OSCUROS O CLAROS

QUE SOBREN DE OTRAS LABORES, YA QUE AÑADE VIVEZA E INTENSIDAD AL COLOR: LA FOTOGRAFÍA DE LAS PÁGS. 118-119 LO ILUSTRA EN DETALLE.

Alfombra de rayas

6 Siga las instrucciones del patrón hasta el final de la repetición y luego vuelva a empezar por la primera hilera de punto de cruz doble con rosa oscuro. Puede copiar los puntos que he utilizado tal como se muestra en la fotografía de las págs. 118-119, o bien puede idear algunas variaciones propias. A modo de guía, los puntos de cruz y los de brazo largo se aplican sobre un hilo del lienzo (una hilera de cuadrados), y los de doble cruz, gobelino al sesgo y puntos trenzados se aplican sobre dos hilos de lienzo (dos hileras de cuadrados), mientras que la versión más amplia del punto trenzado se aplica sobre tres hilos (tres hileras de cuadrados).

7 Una vez terminado el diseño, inmovilice el lienzo. Recorte el cañamazo hasta dejar un margen de 3 cm. Planche las esquinas en ángulos de 45 grados y ensamble a los extremos del lienzo.

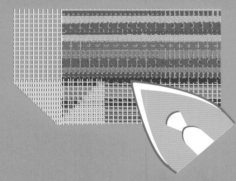

8 Planche un dobladillo de 5 cm por el contorno de la entretela. Para reducir volumen, ensamble las esquinas planchándolas hacia dentro y alisando los dobleces. Recorte las puntas de los triángulos de cada esquina y después vuelva a planchar los dobleces.

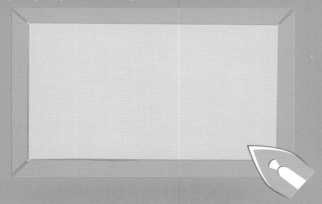

9 Con los reveses encarados, prenda con alfileres la entretela y el lienzo, asegurándose de que quede plano.

10 Cosa a mano el lienzo y la entretela utilizando un hilo resistente para colchas. Pase una ronda de punto invisible, tomando cada vez un único hilo de lienzo y unos cuantos del borde plegado de la entretela.

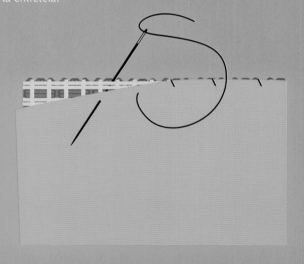

Sugerencia COLOQUE SIEMPRE UN TOPE ADHESIVO PARA EVITAR QUE LA ALFOMBRA SE DESLICE SOBRE UNA SUPERFICIE DURA O ENMOQUETADA.

LA ALTERNATIVA ES UN DOSIFICADOR ANTIRRESBALONES, QUE SE APLICA A LA PARTE DE ATRÁS DE LA LABOR UNA VEZ TERMINADA.

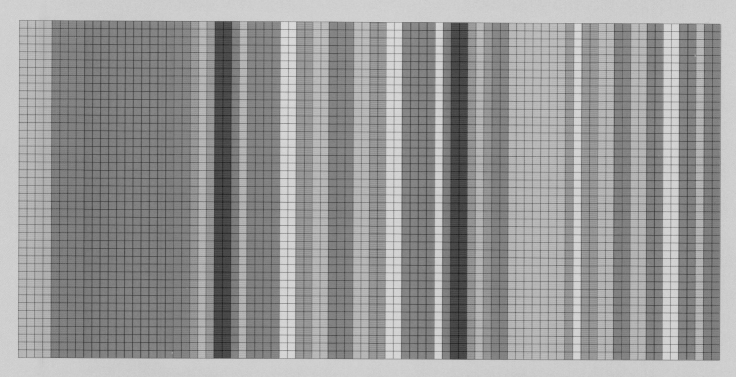

	crudo (7271)		azul medio (7592)
	verde medio (7384)		rosa oscuro (7640)
	amarillo (7422)		rosa claro (7804)
	negro (7538)		

Tope de topos para puertas

MATERIALES

1 ladrillo o 30 × 50 cm de cartón de base
o similar; rollo de cinta adhesiva; relleno
de bolas de plástico para juguetes

50 × 100 cm de capa acolchada de poliéster
o algodón

hilos de coser a juego

aguja de coser

40 × 50 cm de lienzo tradicional Penélope
de calibre 10

marco de tapiz

hilo de algodón DMC para bordado
de los siguientes colores:
rosa (7804): 3 madejas
verde (7911): 14 madejas

aguja de tapizar

cordón fino

13 × 25 cm de algodón rosa para planchar
la base

plancha

alfileres de sastre

NIVEL DE DIFICULTAD: 1

Este práctico tope para puertas se elabora a partir de un humilde ladrillo de vivienda que se ha transformado con una capa de relleno y una atractiva funda de bordado. El patrón está pensado para que encaje en un ladrillo de tamaño normal en el Reino Unido, pero si no tiene uno a mano, puede confeccionar una versión alternativa con cartón y llenarlo.

1 Para preparar un «ladrillo», corte seis piezas de cartón: dos laterales de 6,5 × 21,5 cm, dos extremos de 10 × 6.5 cm, y la tapa y base de 10 × 21,5 cm. Sujete los laterales y extremos a la base con cinta de embalar y luego una los costados para hacer una caja. Rellene justo por debajo del borde con bolas de plástico antes de añadir la tapa. Sujete el ladrillo completo con dos capas de cinta de embalar.

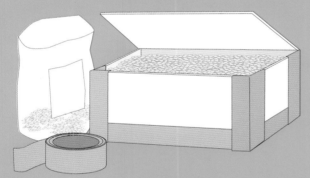

2 Envuelva el ladrillo dos veces con la capa acolchada y embaste el lado corto. Practique cuatro cortes en la solapa de cada extremo, a la misma altura que las esquinas, de modo que queden cuatro solapas. Doble la inferior hacia arriba y las laterales hacia dentro. Embaste el lateral y el borde inferior de la solapa superior.

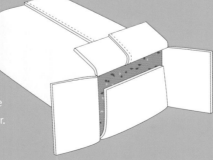

3 Marque el centro del lienzo. Una los extremos del mismo con cinta adhesiva o encájelo a un bastidor si lo desea.

4 El diseño se trabaja en una combinación de punto gobelino y punto de mosaico. Según el patrón de la pág. 122, cuente cuidadosamente los recuadros del patrón para asegurarse de que los topos se sitúan a intervalos regulares. Luego aplique los topos rosas en punto gobelino.

5 Llene el fondo con punto de mosaico (*véase* pág. 19) utilizando hebra verde. Este punto se compone de pequeños recuadros tejidos con dos puntos cortos y uno largo en diagonal: mantenga este patrón de repetición aplicando puntos de partición alrededor de los topos.

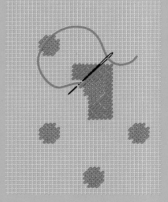

Sugerencia PARA QUE EL TOPE GANE MAYOR SUJECIÓN EN EL SUELO DE UNA HABITACIÓN ENMOQUETADA, AÑADA DOS TRAMOS DE 20 CM

DE VELCRO A LA BASE. PEGUE UNA TIRA A CADA EXTREMO LARGO DE LA ENTRETELA ANTES DE COSERLA.

rosa (7804)

verde (7911)

6 Cuando haya completado el diseño, retire el lienzo del marco e inmovilícelo si es necesario. Recorte el cañamazo sobrante a un margen de 2 cm por todo el contorno de la cruz.

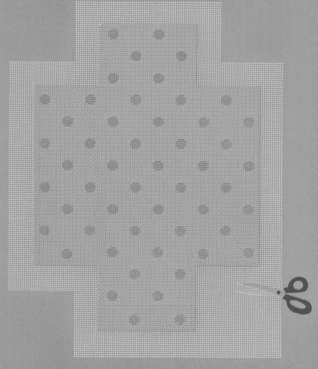

7 Vuelva el lienzo por un costado corto y luego atraviéselo hasta llegar al extremo adyacente. Empezando por la esquina interior, cosa los dos con punto invisible utilizando un doble filamento de hilo de coser hasta el extremo de los puntos verdes. Haga lo mismo con las otras tres esquinas y coloque la funda sobre el ladrillo.

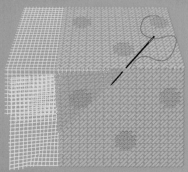

8 Para lograr una apariencia rígida de tapizado, ajuste bien la funda. Enhebre la aguja de tapiz con hilo fino y aplique una serie de puntos largos entre los dos extremos cortos. Páselos de manera que las últimas dos hileras de punto de mosaico queden sobre el costado de la base. Encaje los dos extremos largos exactamente del mismo modo.

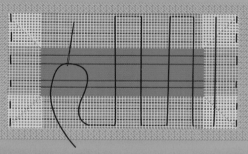

9 Planche un dobladillo de 2 cm por cada costado de la tela para la base. Prenda con alfileres en el reverso del tope para puertas, asegurándose de que discurre por la parte central. Cosa a mano donde corresponda con pequeños puntos continuos y un hilo de coser a juego.

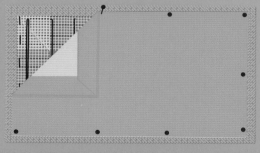

Sugerencia CUBRÍ LA BASE DEL TOPE PARA PUERTAS CON UNA VISTOSA TELA DE ALGODÓN ROSA (LA COMBINACIÓN PERFECTA PARA LOS TOPOS).

DETALLES COMO ESTOS APORTAN UN ACABADO ÚNICO A UNA LABOR.

Cubrevelas con velero

MATERIALES

lino

cuadrado de 11 cm de lienzo soluble

hilo de algodón DMC para bordado de los
siguientes colores (1 madeja de cada):
blanco (blanc); verde (320); azul oscuro
(334); rojo (666); azul claro (775);
azul medio (932); amarillo (3822)

aguja de tapicería

tramo de cenefa equivalente a la circunferencia
del fondo del cubrevelas más 5 cm

lápiz

máquina de coser

hilo de coser a juego

Cortar el lino

Largo: añada 10 cm a la circunferencia
del fondo del cubrevelas

Ancho: añada 5 cm al fondo del cubrevelas

NIVEL DE DIFICULTAD: 1

Este alegre velero de punto de cruz, rodeado de nubes, gaviotas y olas, aporta un toque náutico a un cubrevelas de lino. Diseñado para tapar una base de papel o de metal, este cubrevelas bordado inundará su hogar con una acogedora luz de lo más favorecedora. Huelga decir que hay que ir con cuidado con la llama de la vela.

1 Doble el lino a medio largo para marcar la mitad. Embaste un cuadrado de 11 cm de lienzo soluble sobre dicho punto, 2 cm por encima del borde inferior. Aplique dos líneas de puntos de embaste por el lienzo en diagonal hasta trazar una gran cruz: esto le dará un punto central desde el que empezar a tejer.

2 El diseño se trabaja en punto de cruz con dos hebras del hilo de bordado. Siguiendo el patrón de la pág. 127, y empezando por el centro de la tela, teja los mástiles azul oscuro del velero y luego las dos velas rojas y amarillas.

3 Siga con la embarcación verde y, luego, las olas con azul medio y claro. Por último, teja las nubes y el banderín en azul claro, y las gaviotas en azul oscuro.

4 Cosa a máquina los dos bordes cortos del lino junto a una costura de 1,5 cm. Recorte el margen de esta última a 5 mm y plánchela cuidadosamente en abierto. Vuelva a planchar un dobladillo de 1 cm por todo el borde inferior.

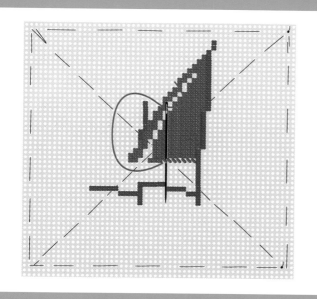

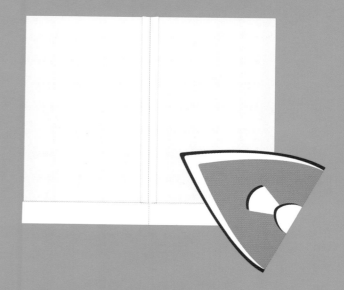

Cubrevelas con velero

5 Empezando por la costura de atrás, cosa la cenefa en punto invisible al reverso del borde inferior. Colóquela de modo que sobresalgan festones por debajo del borde, recordando así el efecto del oleaje en punto de cruz. Pula los extremos tal como se describe en la pág. 30.

6 Planche un dobladillo de 4 cm por el borde superior. Con un lápiz afilado, marque una línea fina por todo el contorno, 2 cm por debajo del pliegue. Enhebre una aguja con doble filamento de hilo de coser. Empezando por la costura de la parte trasera, teja una ronda de puntos continuos siguiendo la pauta del patrón. Añada una segunda línea de puntos directamente por debajo de la primera. Deje sueltos los dos extremos del hilo.

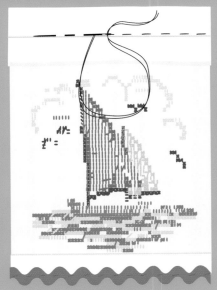

7 Pase suavemente los dos cabos sueltos hasta que el lino fruncido encaje en la parte superior de la pantalla de papel. Cosa por ambos extremos del hilo para rematar.

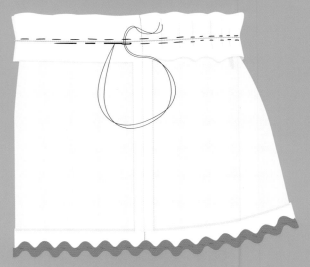

8 Dé la vuelta al cubrevelas y planche suavemente. Por último, colóquelo en el lugar que le corresponde sobre la pantalla de papel.

Sugerencia REMATE BIEN TODOS LOS HILOS DE MANERA QUE NO SE VISLUMBRE NINGUNA SOMBRA CUANDO LA PANTALLA ESTÉ ILUMINADA.

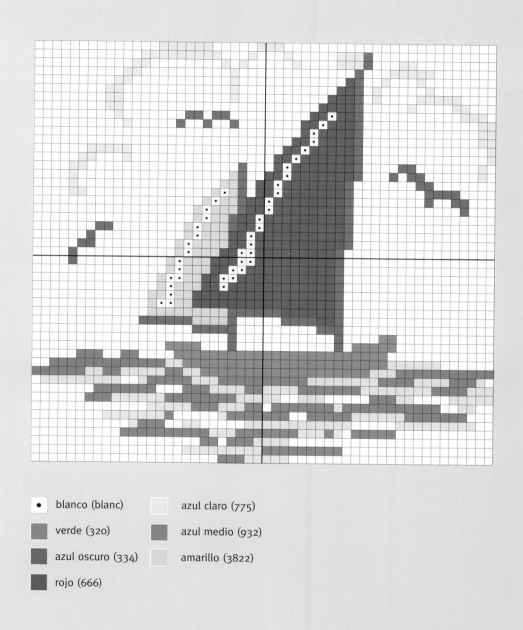

- blanco (blanc)
- azul claro (775)
- verde (320)
- azul medio (932)
- azul oscuro (334)
- amarillo (3822)
- rojo (666)

Protector de tetera de topos

MATERIALES

35 × 90 cm de tela en crudo de punto
de cruz de calibre 11

hilo de algodón DMC para bordado de los
siguientes colores (1 madeja de cada):
limón (165); rosa (603); azul (813);
verde (954); coral (3705)

aguja grande de punto de cruz

papel cuadriculado o de calco

alfileres de sastre

máquina de coser

hilo de máquina de coser

aguja de coser

30 × 80 cm de acolchado pesado

30 × 80 cm de lino

75 cm de trenzado a juego

15 × 8 cm de cartón fino

un compás y un lápiz

una borla de 50 g de hebra de algodón
de color coral

aguja grande de tapiz

NIVEL DE DIFICULTAD: 1

El diseño de topos queda especialmente alegre con colores primarios, así que este protector de tamaño generoso seguro que alegrará su mesa de desayuno o la merienda de la tarde. Los topos se aplican en seis hebras de hilo de bordar para crear textura y el protector lleva un pompón fácil de hacer.

1 Corte la tela en punto de cruz a medio largo de manera que queden dos piezas de 35 cm de alto × 45 cm de ancho. Las partes delantera y posterior del protector se cosen del mismo modo.

2 Doble ligeramente una pieza de la tela en punto de cruz en cuartos hasta hallar el punto central. El diseño se aplica en punto de cruz utilizando las seis hebras del hilo de bordar. Aplique los puntos en hileras o de forma individual para lograr un aspecto más tupido. Según las instrucciones de la pág. 132, y empezando por el centro de la tela, teja el topo verde del medio. Siga tejiendo el diseño hacia fuera,

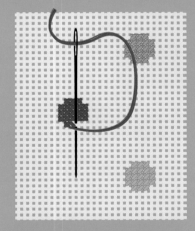

contando los recuadros entre cada topo de colores. Dé un acabado limpio a cada uno de ellos de modo que no se vislumbre ningún hilo a través de la tela.

3 Copie el modelo de la pág. 133 sobre el papel cuadriculado. Sujete la plantilla con alfileres a la tela bordada de forma que la línea del centro discurra por la hilera de topos del medio y el borde interior quede 3 cm por debajo de los topos más bajos. Corte las piezas de delante y atrás exactamente de la misma manera.

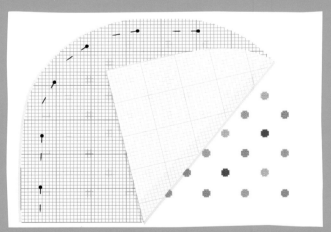

Sugerencia PARA AHORRAR TIEMPO, PUEDE UTILIZAR UNA TELA COORDINADA PARA REFORZAR EL PROTECTOR.

ACUÉRDESE DE DIVIDIR POR LA MITAD LAS CANTIDADES DE PUNTOS DE CRUZ Y DE FORRO SI OPTA POR ESTA ALTERNATIVA.

Protector de
tetera de topos

4 Con los derechos encarados, coloque la parte delantera encima de la trasera. Sujételas con hilos y embástelas por el borde curvo del contorno, dejando el extremo inferior abierto. Cosa los costados con una costura de 1,5 cm. Recorte el margen de esta a unos 5 mm. Vuelva el protector y planche suavemente, utilizando un trapo para proteger los puntos de cruz levantados. Planche con un dobladillo de 1,5 cm alrededor de la abertura.

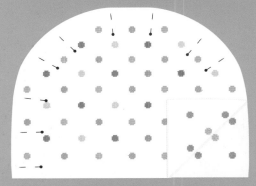

5 Corte dos piezas del acolchado valiéndose de la plantilla. Recorte 2 cm del borde inferior de ambas piezas y sujételas con alfileres por el borde curvo. Cosa los extremos con una costura de 2 cm. Vuelva a recortar el margen de la costura dejándolo en 5 mm.

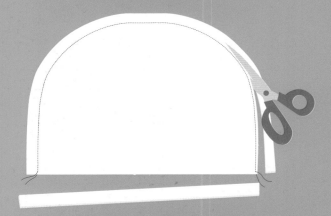

6 El último paso consiste en trabajar el forro interior. Valiéndose de la plantilla, corte dos formas de la tela de lino. Sujételas por el borde curvo y una los bordes con una costra de 2 cm. Recorte de nuevo el margen de esta última a 5 mm.

7 Planche un dobladillo de 2 cm alrededor de la abertura del forro e introduzca este dentro del acolchado. Encaje el borde inferior del acolchado dentro del dobladillo y prenda con alfileres.

8 Introduzca el relleno y el forro dentro del protector, haciendo coincidir las costuras laterales. Prenda con alfileres los bordes de modo que el forro quede 5 mm por encima del borde inferior del protector. Cosa el forro del protector a mano o a máquina.

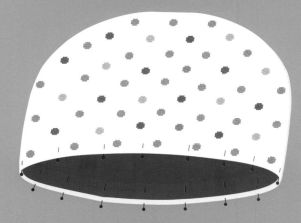

9 Cosa el trenzado por el borde inferior del protector de modo que el punto de intersección discurra por la línea de la costura. Pula los extremos tal como se describe en la pág. 30.

Sugerencia EL ACOLCHADO DE POLIÉSTER PROPORCIONA UN RELLENO BUENO Y LIGERO PARA EL PROTECTOR, AUNQUE TAMBIÉN PUEDE OPTAR POR UNA SOLUCIÓN MÁS RESPETUOSA CON EL MEDIO AMBIENTE Y RECICLAR UN VIEJO JERSEY DE LANA O UNA SÁBANA.

10 Para crear la base del pompón, corte dos discos de cartón de 6 cm, cada uno de ellos con un agujero de 2 cm por el centro. Enhebre una gran aguja de tapiz con tres o cuatro largos de hilo de unos 80 cm de largo. Sostenga ambos discos y pase la aguja por el agujero, cruzando por la parte trasera inferior hasta llegar al agujero y luego volver. Repítalo hasta que la cartulina quede cubierta y el agujero del centro esté lleno. Añada más hilo sobre la marcha, dejando los cabos sueltos por el exterior del disco.

11 Inserte suavemente la punta de las tijeras por debajo de unas capas de hilo por el borde exterior y recórtelas. Cuando haya acabado, podrá pasar una hoja entre los dos discos de cartón. Corte las hebras por el contorno de los discos: estos las mantendrán unidas.

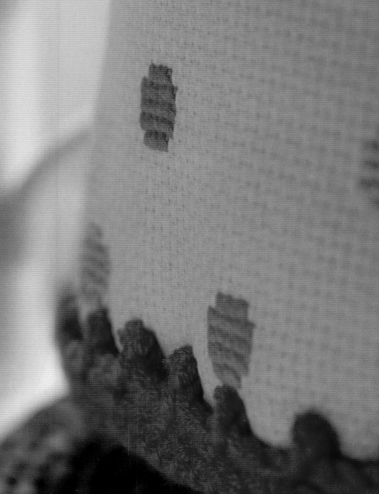

12 Corte un tramo de hebra e introdúzcalo entre los dos discos. Tire de ambos extremos y sujete con un nudo. Retire los discos, rompiéndolos si fuera necesario. Recorte los cabos largos de hilo. Haga rodar el pompón entre las palmas de las manos para darle una hermosa forma redondeada. Fíjelo en la parte superior del protector para darle un acabado perfecto.

limón (165)   verde (954)

rosa (603)   coral (3705)

azul (813)

Sugerencia   UNA FORMA RÁPIDA DE REPRODUCIR EL PATRÓN DE LA PÁG. SIGUIENTE ES FOTOCOPIARLO DOS VECES

AL TIEMPO QUE SE AMPLÍA UN 125 %. LUEGO PUEDE CORTAR AMBAS PIEZAS Y UNIRLAS POR EL PLIEGUE CENTRAL.

132

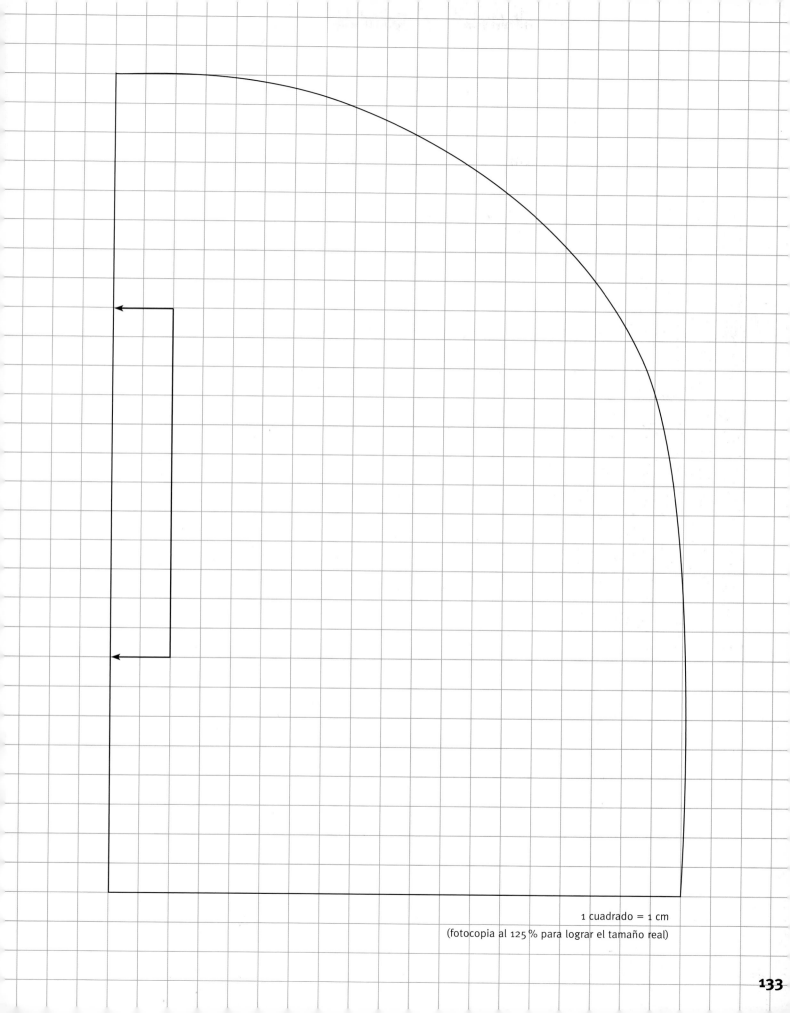

1 cuadrado = 1 cm

(fotocopia al 125 % para lograr el tamaño real)

Punta de cerezas

MATERIALES

tramo de punta de festón o tira de dobladillo
a la longitud de la estantería más 5 cm

lienzo doble

hilo de algodón DMC para bordado de los
siguientes colores (1 madeja de cada):
crudo (ecru)
verde claro (320)
rojo oscuro (355)
verde oscuro (520)
rojo (817)
rosa (962)

aguja de bordar

hilo de embastar

NIVEL DE DIFICULTAD: 1

Esta punta *vintage* fue un afortunado hallazgo en un mercadillo; solo necesitó un poco de adorno... Por suerte, las hermosas cerezas de punto de cruz encajaban a la perfección en los festones bordados. Utilicé sencillas tachuelas de metal de tapicería para fijar la punta a la estantería, colocándolos a intervalos regulares por el borde superior.

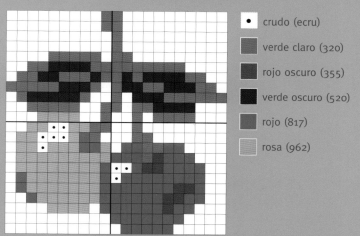

- • crudo (ecru)
- ▢ verde claro (320)
- ▢ rojo oscuro (355)
- ▢ verde oscuro (520)
- ▢ rojo (817)
- ▢ rosa (962)

2 El diseño se aplica en punto de cruz utilizando dos hebras de hilo de bordar. Según el patrón, aplique las frutas rosas y rojas y luego los detalles blancos y los reflejos rojos oscuros. Añada los tallos y las hojas en dos tonalidades de verde.

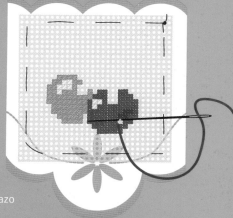

3 Cuando haya terminado el diseño, recorte el cañamazo soluble que haya sobrado.
Para disolverlo, lave con cuidado la punta con agua caliente y jabonosa siguiendo las instrucciones del fabricante. Remoje y luego deje secar. Una vez seco, planche a conciencia, añadiendo un poco de almidón o prensador de telas si así lo prefiere. Planche por los laterales y coloque la punta en el estante.

1 Para cada motivo de cereza, corte un cuadrado de 5 cm de cañamazo soluble y embástelo por el centro a un festón o a lo ancho de la tela. Si utiliza una punta confeccionada, teja los motivos por el centro de los festones. Si es una tela llana, deje 8 cm de separación entre cada cereza.

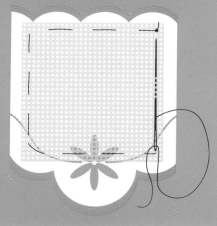

Sugerencia SI NO PUEDE ENCONTRAR UNA PUNTA CON UN FESTÓN PARECIDO, ESTAS CEREZAS

TAMBIÉN GOZARÁN DE MUY BUEN ASPECTO SI SE COSEN EN UNA PUNTA ESTRECHA DE LINO LISO.

Funda de asiento con flores

MATERIALES

cuadrado de 60 cm de marco de tapiz
para lienzo de calibre 10
hilo de algodón DMC para bordado
de los siguientes colores:
verde pálido (7322): aproximadamente
24 madejas, según el tamaño del asiento;
rosa medio (7135), blanco hueso (7141),
verde salvia (7392): 3 madejas de cada;
azul oscuro (7306), salvia claro (7331),
marrón (7938): 1 madeja de cada;
amarillo mostaza (7473), rosa oscuro
(7640): 2 madejas de cada
aguja de tapiz
hoja grande de papel o periódico
lápiz
aguja de tapiz
tijeras
grapadora grande o martillo pequeño
y una caja de tachuelas de 13 mm

NIVEL DE DIFICULTAD: 3

Cuando una piensa en el bordado tradicional, un asiento es uno de los primeros proyectos que le vienen a la cabeza. Requiere tiempo y habilidad, pero el resultado podrá disfrutarse durante muchos años. Empiece con una sola silla, y un día se encontrará con un conjunto de seis asientos en torno a la mesa de comedor.

1 Para preparar la plantilla, levante el asiento de la silla y colóquelo sobre una gran hoja de papel. Dibuje el contorno para obtener el tamaño real del asiento; para darle profundidad, trace una segunda línea a 3 mm de distancia de la primera. Si el asiento está muy acolchado, tendrá que ampliar el margen un poco más.

3 El diseño se aplica en punto de cruz. Marque el centro del lienzo. Según el patrón de la pág. 138, empiece desde el centro del lienzo y teja las tres rosas grandes. Continúe hacia fuera con las flores pequeñas, las hojas y los pimpollos. Rellene la superficie con hebra verde, tejiendo hasta llegar a la línea del lápiz.

2 Corte la plantilla y colóquela por el centro del lienzo. Trace el contorno de la misma sobre el lienzo para saber la disposición de los puntos.

Sugerencia DI A LA SILLA DOS CAPAS DE PINTURA BRILLANTE DE UNA MEZCLA

ESPECIAL, YA QUE ERAN DE LA MISMA TONALIDAD QUE EL HILO ROSA MÁS CLARO.

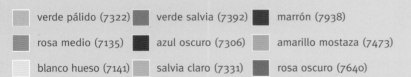

verde pálido (7322)   verde salvia (7392)   marrón (7938)

rosa medio (7135)   azul oscuro (7306)   amarillo mostaza (7473)

blanco hueso (7141)   salvia claro (7331)   rosa oscuro (7640)

Funda de asiento con flores

4 Cuando haya terminado el diseño, inmovilice la labor si es necesario. Recorte el cañamazo sobrante dejando un margen de 4 cm por el contorno. Con los derechos encarados, doble el lienzo a medio largo y marque el centro en cada margen. Doble a medio ancho y haga lo mismo.

5 Dé la vuelta al asiento de la silla. Marque el centro de los bordes superior e inferior y marque una línea entre ambos. Mida y marque el centro de dicha línea y trace otra que cruce el asiento en ese mismo punto.

6 Coloque el lienzo en el suelo con el derecho mirando hacia abajo. Coloque el asiento encima de modo que las líneas del lápiz queden igualadas en cada lado.

7 Doble el margen del lienzo por el borde inferior de manera que entre 5 y 10 mm de puntos queden por la parte trasera. Alinee las marcas del lápiz y aplique un remache en el lienzo y el asiento. Si lo prefiere, puede utilizar una grapadora grande.

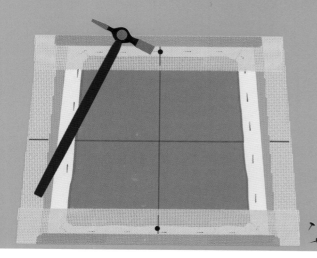

8 Doble el lienzo por la parte superior, tirando delicadamente de él y embastándolo. Haga lo mismo con los laterales, tirando de nuevo del lienzo para mantener la tensión.

9 Doble las esquinas en ángulos de 45 grados e hilvane el lienzo. Asegúrese de que las marcas del lápiz conserven la alineación.

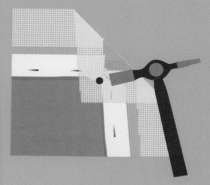

10 Doble el lienzo por un costado y embaste, tirando suavemente de él. Sujete el otro lado, procurando evitar la tachuela o grapa anterior.

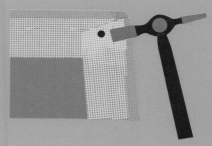

11 Siga añadiendo tachuelas a intervalos de 3 cm en los espacios comprendidos entre los remaches existentes. No tire demasiado fuerte del lienzo o los bordes del asiento perderán la alineación. Mantenga una tensión uniforme durante todo el proceso.

12 Para un acabado limpio y profesional, corte un retal de calicó con papel de calcar a modo de guía. Planche un dobladillo de 3 cm por todo el contorno y remache o grape la base del asiento para tapar el lienzo.

13 Fije el asiento a la silla cuando haya terminado.

Sugerencia TENGA CUIDADO AL MARTILLEAR REMACHES O FIJAR CON GRAPAS.

AUNQUE SON MUY PEQUEÑAS, LAS TACHUELAS SON MUY AFILADAS.

Cojín de silla con vaquero

MATERIALES

50 cm de lienzo de calibre 10
hilo de algodón DMC para bordado
 de los siguientes colores:
 rojo (7758): aproximadamente
 18 madejas, según el tamaño del asiento;
 azul (7029); verde medio (7384);
 marrón medio (7415); beis (7509);
 marrón oscuro (7515): 2 madejas
 de cada
 crema oscuro (7141); verde claro (7772):
 1 madeja de cada
hoja de papel y lápiz
cinta adhesiva
cuadrado de 40 cm de entretela
40 × 80 cm de calicó
relleno de poliéster para cojín
par de cordones marrones
máquina de coser
alfileres de sastre

NIVEL DE DIFICULTAD: 2

El estampado de vaquero gusta tanto a padres como a hijos, así que el motivo del caballo al galope y su jinete del salvaje Oeste fue una elección obvia para este cojín bordado para niños. El tamaño acabado es de 29 cm de ancho por 31 cm de profundidad: para una silla más pequeña, podría utilizar un lienzo de calibre 12 y así reduciría el tamaño del diseño.

1 Empiece por hacer una plantilla que encaje en la silla. Pegue una pieza de papel al asiento, tanto por delante como por detrás, y luego dóblelo por los extremos. Dibuje la forma del contorno y corte por dicha línea. Doble el papel a mitad del ancho y recorte según sea necesario para asegurar la simetría. Compruebe que la plantilla acabada se corresponda con el tamaño del asiento solo para ir sobre seguro.

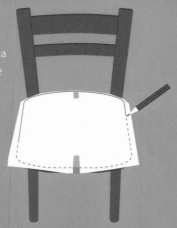

2 Doble la plantilla a mitad del largo hasta encontrar el punto central. Sujétela al lienzo, asegurándose de que encaje en la parte tejida. Trace el contorno con un lápiz y luego marque el centro.

3 El diseño se aplica con punto de media cruz. Según el patrón de la pág. 142, teja primero el vaquero. La pierna es un buen punto de partida; después trabaje el resto del cuerpo, al que le seguirá el caballo. Cuente los espacios con atención para colocar correctamente los cactus, el lazo, las nubes y otros detalles.

4 Rellene el fondo rojo, tejiendo hasta la línea de lápiz en ambas direcciones.

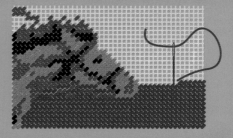

5 Una vez terminado el diseño, inmovilice el lienzo si es necesario. Recorte el cañamazo sobrante dejando 2 cm de margen (el de la costura) alrededor del diseño.

Sugerencia NO PUDE RESISTIRME A AÑADIR UN PAR DE CORDONES PASADOS DE MODA PARA ASEGURAR EL COJÍN A LA SILLA, EN VEZ DE UTILIZAR LA SUJECIÓN CONVENCIONAL CON CINTAS DE LA MISMA TELA.

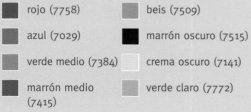 rojo (7758)

beis (7509)

azul (7029)

marrón oscuro (7515)

verde medio (7384)

crema oscuro (7141)

marrón medio (7415)

verde claro (7772)

Cojín de silla
con vaquero

6 Sujete el frontal del cojín con los derechos encarados al panel del respaldo. Corte por el borde exterior del lienzo de manera que ambas piezas sean del mismo tamaño. Cósalos a máquina, dejando una abertura de 15 cm por el borde superior.

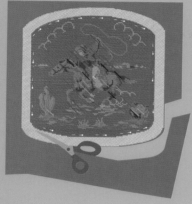

7 Planche el margen de la costura (incluidas las partes que discurren por la abertura) por las partes delantera y trasera. Alise las esquinas con un pequeño chorro de vapor de la plancha para marcar la línea curva. Vuelva el cojín del revés por la abertura.

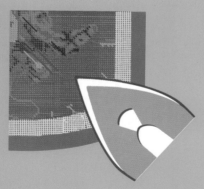

8 Confeccione un relleno de la misma forma que el cojín, siguiendo las instrucciones de la pág. 28. Utilice el modelo de papel como guía y añada 1 cm adicional de contorno cuando corte las dos piezas de calicó.

9 Inserte la almohadilla por la abertura del borde superior. Prenda con alfileres las dos caras de esta última y cosa para cerrar.

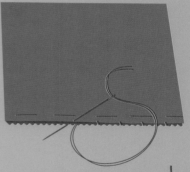

10 Coloque el cojín acabado sobre el asiento de la silla y marque con alfileres los dos puntos en los que toca la madera del respaldo. Doble uno de los cordones por la mitad para hacer un nudo plano por el centro. Cosa dicho nudo a uno de los puntos marcados y luego añada el encaje de la misma manera.

11 Cosa a mano el ribete trenzado del cojín con hilo de coser a juego. Aplique puntos pequeños e invisibles que queden alineados con el borde inferior y la línea de la costura. Frunza ligeramente la trenza por las esquinas y remate los cabos tal y como se describe en la pág. 30. En ella también encontrará instrucciones para coser a máquina el ribete al cojín.

Sugerencia EL COJÍN ESTÁ REFORZADO CON UN PESADO ALGODÓN AZUL: LA TELA

VAQUERA DE UN PAR DE VAQUEROS VIEJOS SERÍA UNA BUENA ALTERNATIVA.

Cuadro de una casa

MATERIALES

cuadrado de 35 cm de tela en punto
de cruz de calibre 14 en color avena
hilo de algodón DMC para bordado
de los siguientes colores:
rojo (309): 2 madejas; blanco hueso (543);
verde (562); rosa concha (758); azul (826);
coral (3705); rosa medio (3731); marrón
(3858): 1 madeja de cada
aguja de punto de cruz
cuadrado de 20 cm de cartón armado
marco de cuadro con abertura cuadrada
de 20 cm
hilo de coser resistente
aguja de coser

NIVEL DE DIFICULTAD: 2

Hogar, dulce hogar. Esta acogedora casita nos recuerda a las típicas casitas tradicionales, pero el brillante tejado rojo y las cortinas de topos de las ventanas le dan un inconfundible aire contemporáneo. Se trabaja con tela de punto de cruz sin blanquear, lo cual añade color a la pared y evita coser de más.

1 Marque el centro de la tela en punto de cruz y encájela en un marco. El diseño se aplica en punto de cruz con dos hebras del hilo de bordar. Siguiendo el patrón de la pág. 147, y empezando por el centro de la tela, trabaje primero el contorno marrón de la puerta y el portal, la escalinata, los remaches y el pomo de la puerta.

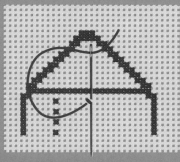

2 Utilizando un hilo de color coral, cosa el buzón de la puerta y, luego, rellene el triángulo del pórtico y los puntos entre los escalones y el sendero. Con un hilo azul rellene la puerta, tejiendo con cuidado los puntos de tonos marrones.

3 Cuente hacia fuera desde la puerta hasta encontrar la posición correcta de las llamas y los alféizares de las dos ventanas del piso de abajo, que se trabajan en marrón. Añada los puntos para las barras de los ventanales. Teja los pétalos de flor con tonos corales y rosa concha, y luego haga lo mismo con las hojas verdes. Trabaje los topos de las cortinas y los paneles de cristal en blanco hueso.

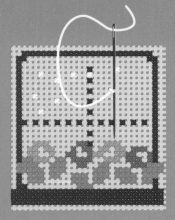

4 Utilizando un hilo de rosa medio, teja las cortinas y los centros de las flores. Tenga especial cuidado con el contorno de los topos y las plantas de modo que no se rompa el hilo.

5 Cuente hacia arriba desde las ventanas del piso de abajo hasta encontrar la posición correcta de las de la planta superior. Proceda del mismo modo que en las del piso de abajo.

6 Cuente hacia arriba desde las ventanas del piso superior y cosa el ribete marrón por el tejado. Luego cosa este último en rojo oscuro (¡llevará un tiempo!) y los triángulos estrechos del cielo azul. Termine cosiendo las flores rojas en los arbustos de la parte delantera y luego los matorrales verdes.

Sugerencia RECUERDE QUE DEBE APLICAR TODOS LOS PUNTOS EN LA MISMA

DIRECCIÓN CUANDO TRABAJE GRANDES SUPERFICIES DE PUNTO DE CRUZ, COMO EL TEJADO.

Cuadro de una casa

7 Cuando termine el diseño, retire la pieza acabada del marco y plánchela suavemente desde el revés. Recorte la tela hasta dejar un margen de 30 cm alrededor de la misma.

8 La mejor manera de montar el bordado entero es coserlo sobre un tablero. Trace dos líneas centrales por la parte trasera de este último para dividirlo en partes iguales. Coloque el retrato acabado boca abajo sobre una superficie plana y sitúe el tablero en la parte central del revés, de modo que las líneas de embaste se correspondan con las marcas de lápiz.

9 Enhebre una aguja con un filamento largo de hilo recio. Doble los bordes de la tela hacia dentro. Sujete el hilo por el punto central de un extremo de la tela y luego aplique un punto largo por toda la superficie del extremo opuesto. Siga punteando hacia fuera, hasta llegar al extremo de la tabla montada y después puntee desde el centro hasta el lado contrario.

10 Compruebe que los costados queden en paralelo, asegurándose de que las líneas de agujeros en la tela de punto de cruz discurran por los bordes del tablero: ajuste el punteo si no es así. Encaje los otros dos costados de la misma manera. Por último, encaje el bordado en el marco.

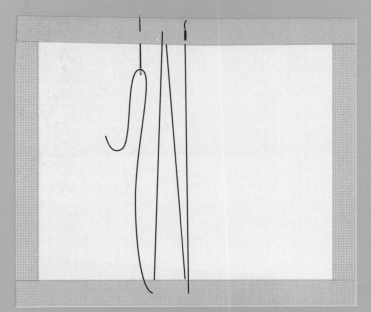

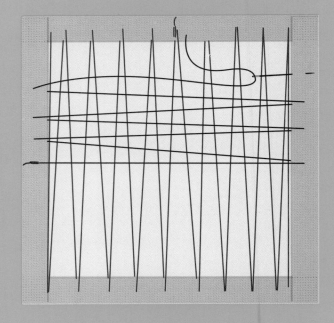

Sugerencia EL TABLERO DE MONTAJE DEBERÍA SER DEL MISMO TONO QUE LA TELA

DEL PUNTO DE CRUZ PARA EVITAR QUE LOS COLORES SE ENTREVEAN A TRAVÉS DE LOS AGUJEROS.

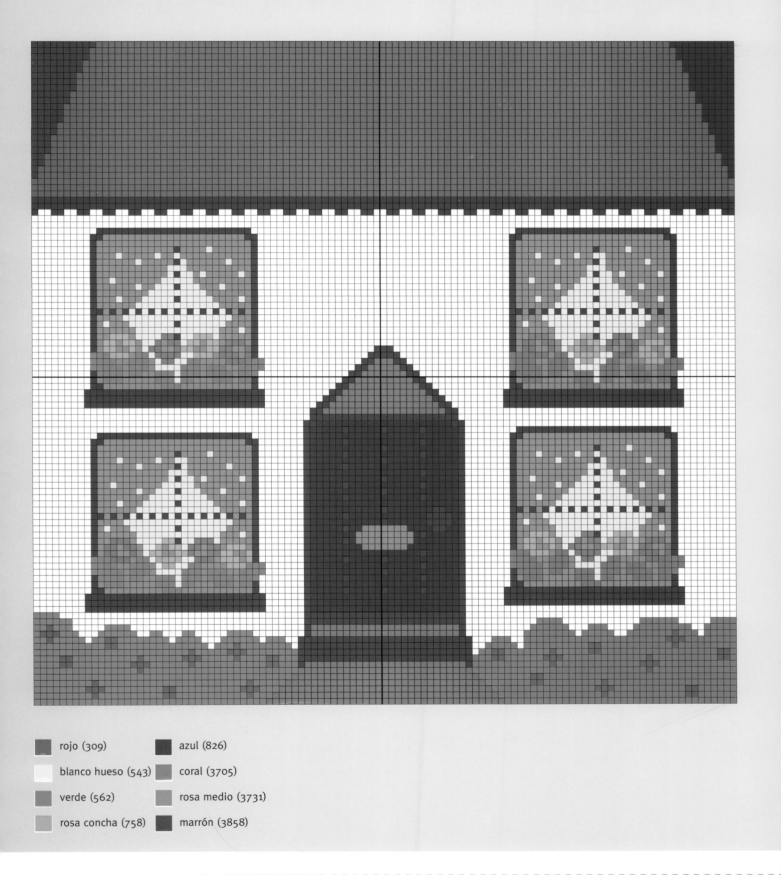

rojo (309)

azul (826)

blanco hueso (543)

coral (3705)

verde (562)

rosa medio (3731)

rosa concha (758)

marrón (3858)

Retrato de un vaquero

NIVEL DE DIFICULTAD: 2

Generaciones de niños aprendieron a coser con dechados de punto de cruz y refrán incluido. Hoy en día, los dechados se utilizan para conmemorar un nacimiento o un evento familiar: en la pág. 150 encontrará un alfabeto de modo que pueda personalizar su versión de este clásico retrato de un vaquero.

1 Marque el centro de la tela en punto de cruz y colóquela en un marco. El diseño se trabaja con punto de cruz utilizando las seis hebras del hilo de bordar, lo cual confiere a los puntos cierta textura. Según el patrón de la pág. 150, y empezando por el centro de la tela, teja la pierna del vaquero en azul.

2 Cosiendo hacia fuera, teja el vaquero y el caballo. Sin dejar de llevar la cuenta, teja el lazo, las nubes, los edificios y los cactus.

3 Trace sus iniciales y la fecha sobre el papel de calco, dejando un espacio de un cuadrado entre caracteres y añadiendo un solo punto final después de las iniciales. Pliegue el papel por la mitad para encontrar el centro: este debe corresponderse con las marcas de la tela. Borde las letras y los números a ambos lados de dicho punto.

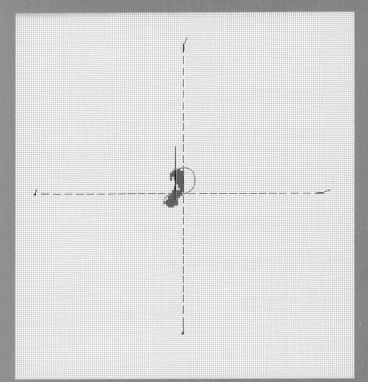

Sugerencia SI QUIERE INCLUIR UN NOMBRE COMPLETO O UN MENSAJE BREVE, AÑADA 10 CM O MÁS AL FONDO DE LA TELA.

Retrato de un vaquero

4 Cuando termine el diseño, retire la pieza acabada del marco y tense ligeramente por el revés. Recorte la tela dejando un margen de 3 cm en el contorno.

5 Trace dos líneas centrales por la parte trasera del tablero articulado para dividirla en cuartos iguales. Coloque el retrato acabado boca abajo sobre una superficie plana y sitúe el tablero articulado en el centro de la parte de atrás, de manera que las líneas de embaste queden alineadas con las marcas del lápiz.

6 Enhebre una aguja con un tramo largo de hilo recio. Doble los bordes de la tela hacia dentro. Pase el hilo por el punto central de un costado de la misma y aplique un punto largo que cruce la lámina hasta el lado contrario. Siga tejiendo hacia fuera hasta llegar al borde del tablero articulado. Luego puntee desde el centro hasta el lado contrario.

7 Compruebe que los costados queden en paralelo, asegurándose de que las líneas de agujeros de la tela en punto de cruz discurran por los bordes del tablero: ajuste el punteo si no es así. Teja los otros dos costados del mismo modo. Por último, encaje el bordado en el marco.

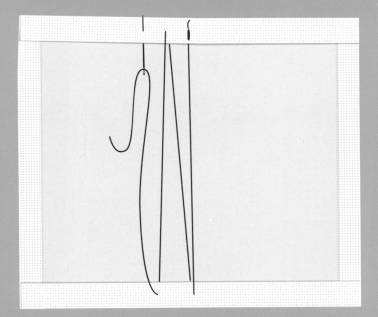

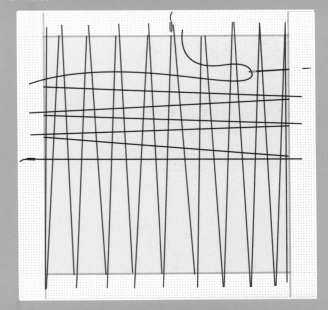

Sugerencia SI PREFIERE UN FONDO DE COLOR, COMO EL VAQUERO BORDADO DE LA PÁG. 141,
UTILICE UNA TELA ROJA EN PUNTO DE CRUZ Y CAMBIE LA CAMISA POR UNA DE TELA VAQUERA AZUL.

Glosario

Al igual que otras manualidades, coser, bordar y bordar en punto de cruz tienen su propio vocabulario técnico, de ahí que pueda toparse con unas cuantas palabras desconocidas para usted. He aquí las expresiones más comunes, muchas de las cuales ya se han explicado en el capítulo de introducción.

agujas de tapiz Estas agujas de punta redonda con ojos largos pasan fácilmente por los agujeros de los lienzos y las telas de punto de cruz.

ancho Doblar a medio ancho: doblar en paralelo con el lado más corto de la tela.

apresto Agente tensor utilizado para hacer que los lienzos y las fibras sean más rígidos.

Bargello También se conoce como labor bizantina. Es una técnica geométrica de bordado que se aplica en puntos rectos sobre un lienzo simple y siguiendo un patrón coloreado.

bastidor Marco rígido de madera al que se le ajusta un lienzo o tela de punto de cruz para mantener la tensión. El marco es del mismo tamaño que la tela.

calibre (o **malla**) Se refiere al número de agujeros por pulgada, tanto en el bordado como en las telas de punto de cruz, y determina el tamaño de las puntadas. Cuanto mayor sea el calibre, más pequeños serán los puntos.

calicó La tela de algodón de calicó sin blanquear es útil para confeccionar almohadones.

cañamazo Aída Los hilos de esta sencilla tela en punto de cruz están tejidos en bloques de cuadros separados por agujeros. Esto crea un entramado que es fácil de seguir cuando se cuentan los puntos.

cinta adhesiva Cinta de papel adhesivo que utilizan los decoradores. Utilice una de 2,5 cm de ancho para unir los bordes sin acabar de un lienzo bordado y evitar que se deshilache.

cordoncillo «Cuerda» de algodón ligeramente enroscada que viene en distintos grosores. Se cubre con un ribete al bies para lograr el efecto cordoncillo.

costura La línea sobre la que dos bordes de tela se cosen juntos.

dobladillo Borde de una tela al que se da la vuelta y se cose para sujetarla.

entretela Una manera sencilla de reforzar un cojín, compuesta de dos paneles superpuestos. Puede añadir botones y ojales si así lo desea.

escudete Pieza estrecha de tela utilizada para reforzar o dar profundidad a un cojín.

felpa El terciopelo y las alfombras tienen una superficie afelpada (una superficie suave compuesta de numerosos hilos cortos), lo que hace que el color de la tela varíe según el ángulo. Por eso, si utiliza dos piezas de terciopelo, debe asegurarse de que la felpa discurra en la misma dirección.

fibra Una fibra es una hebra del hilo. Existen seis fibras o hebras en un hilo de bordado, que pueden usarse juntas o por separado y reagruparse para puntadas más finas. La lana de tapiz se compone de cuatro fibras ligeramente enroscadas que se aplican juntas.

fibra al bies Se encuentra al trazar una línea que forma un ángulo de 45 grados con el orillo, o un borde recto tejido, de la tela. Puesto que discurre por el largo recto y la fibra transversal, una tira de tela cortada a través, o al bies, tendrá hechura o «caída».

forro acolchado Se trata de un tejido grueso y sin tejer de algodón o poliéster que se utiliza para dar profundidad y grosor. Se emplea en bolsos y colchas.

hebra de tapiz Fibra suave de cuatro capas utilizada para el bordado, disponible en una amplia variedad de colores.

hilvanar También se conoce como «embastar». Son puntos fácilmente desechables de 1,5 cm de largo. Se utilizan para unir dos bordes de tela antes de coser. Embaste para marcar el centro de la tela de fondo.

inmovilizar A menudo los puntos de bordado pueden desencajar el lienzo: este término describe el proceso de restaurar la malla del lienzo al cuadrado o rectángulo original.

interfase Está disponible en versión cosida y planchada. Es una tela endeble sin tejer que aporta cuerpo y fuerza a los tejidos ligeros.

lienzo de alfombra Con una malla de solo 5 puntos, es el lienzo de mayor escala y se utiliza para alfombras de bordado.

lienzo o **cañamazo** Existen tres tipos (simple, entrelazado y doble), así como diferentes tamaños. Es la tela básica que se utiliza en las labores de bordado.

lienzo soluble Lienzo temporal para aplicar punto de cruz contado sobre telas sin urdimbre.

lino Tejido natural que se teje con hilos de lino. Las sábanas de lino antiguas pueden reutilizarse como refuerzos de cojín y tienen una maravillosa textura suave.

longitudinal Como cuando nos referimos a «pliegue longitudinal». Significa doblar en paralelo por el borde más largo de una pieza de tela.

marco enrollable Un marco de madera regulable de cuatro costados con láminas que rotan en la parte superior e inferior. Es útil para trabajar proyectos a gran escala.

margen de la costura La distancia entre el borde cortado de la tela y la línea de punteo.

orillo Los bordes tejidos de una tela. La fibra de esta discurre en paralelo al orillo.

papel de patrón Se produce en folios grandes y viene impreso con un entramado de pulgadas o centímetros. Se utiliza para dibujar patrones de tamaño real.

planchar la costura en abierto Consiste en utilizar la punta de la plancha para separar los dos márgenes de la costura y planchar por la línea de la costura de modo que uno de los márgenes quede a ambos lados de los puntos.

punto corto Se consigue haciendo pasar la aguja por la tela en ángulos rectos, dando puntadas diminutas semejantes a pequeños topos sobre la superficie. Se utiliza para coser capas gruesas.

punto invisible Crea una costura fluida. Se elabora cosiendo alternativamente los bordes de dos piezas de tela, y lo hace siguiendo una abertura o un dobladillo.

tensión Para lograr mejores resultados, los lienzos y las telas de punto de cruz deberían tensarse, o conservar en tensión, en un marco. El término se refiere también al grado de rigidez de los puntos y varía según el modo en que se teje el punto. Siempre conviene mantener un mismo grado de tensión en la labor.

terliz Tela de algodón resistente de rayas con una trama en diagonal que se utiliza para el relleno de almohadas y cubiertas de colchones. Busque terliz *vintage*, que viene con unos exclusivos diseños de rayas.

trama Un tejido se compone de dos agrupaciones de hilos entrelazados, que discurren de arriba hacia abajo (urdimbre) y de un lado a otro (trama). La urdimbre recorre el largo de un tejido, de arriba hacia abajo. Siempre hay que cortar la tela por la trama.

urdimbre Tela tejida con hilos verticales y transversales de las mismas dimensiones.

voltear El proceso de dar la vuelta a una labor acabada a través de una abertura por una de las costuras. Alise estas últimas y empuje las esquinas con un lápiz de manera que queden puntiagudas.

Tabla de conversiones

Cada hilo de la tapicería o el fabricante de hilo de bordar tiene su propia paleta de colores, y utilizan diferentes colorantes para producir cada sombra. Esto significa que los números que se dan a continuación son alternativos y equivalentes en lugar de coincidencias exactas. Recomiendo el uso de lana o hilo de un solo fabricante para cada proyecto, en lugar de mezclar de más de una fuente. Además, acuérdese de revisar y verificar el metraje que figura en la lista de materiales para cada proyecto; cada color se basa en una madeja que contiene 8 m de hilo.

Cojín Bargello *(págs. 34–37)*

lana de tapiz	DMC	ANCHOR
blanco	blanc	8002
amarillo	7049	8092 o 8112
rojo	7106	8212 o 8214
rosa	7202	8412
verde	7386	9006 o 9020
pardo	7411	–
azul	7802	8788 o 8818

Cojín de topos *(págs. 38–41)*

lana de tapiz	DMC	ANCHOR
rojo	7106	8212 o 8214
blanco hueso	7510	9052
azul	7555	–

Cojín con rosas de Provenza *(págs. 42–45)*

hilo de algodón*	DMC	ANCHOR	MADEIRA
verde medio	562	205	1213
verde claro	564	219	1211
azul claro	747	158	1104
rosa claro	963	73	502
coral	3705	28	214
coral claro	3706	27	303
crema claro	3865	2	2403

Cojín con bandera *(págs. 46–49)*

lana de tapiz	DMC	ANCHOR
rojo oscuro	7108	8218 o 8442
rosa medio	7223	8506
beis	7230	9674
verde	7391	8048 o 9332
amarillo	7455	9524
azul grisáceo	7705	8720 o 9766
rosa oscuro	7758	8400

* hilo de algodón para bordado

Cojín con ramillete *(págs. 50–53)*

hilo de algodón*	DMC	ANCHOR	MADEIRA
rosa claro	604	50	613
dorado claro	676	942	2013
verde claro	772	259	2205
crudo	842	388	2109
rosa medio	899	27	414
verde	992	1070	1110
rosa oscuro	3350	896	604
turquesa	3766	161	1106
marrón	3857	1050	2008

Cojines con una casa *(págs. 54–57)*

lana de tapiz	DMC	ANCHOR
crudo	crudo	8004, 8006, 8032 o 8292
rosa	7004	8394 o 8432
rojo-rosado	7106	8212 o 8214
crema oscuro	7141	9482
azul oscuro	7306	8792
verde medio	7386	9006 o 9020
amarillo	7472	8018
verde oscuro	7541	–
rojo oscuro	7544	8216
marrón	7622	9796
rojo	7666	8200
verde claro	7771	9096, 9098 o 9164
azul medio	7802	8788 o 8818

Cojín con flor eléctrica *(págs. 58–61)*

lana de tapiz	DMC	ANCHOR
rosa medio	7135	–
rosa oscuro	7136	–
azul oscuro	7287	–
verde	7406	9078
amarillo	7470	8016
blanco hueso	7510	9052
azul claro	7594	8734 o 8832

Bolso *hippie* Bargello *(págs. 62–65)*

lana de tapiz	DMC	ANCHOR
azul claro	7294	8834
naranja	7303	–
blanco hueso	7331	9056 o 9064
azul oscuro	7336	8794
amarillo	7485	8024, 8044 o 8102
marrón	7515	9662
verde	7541	

Bolso de mano con ramillete *(págs. 66–69)*

lana de tapiz	DMC	ANCHOR
rosa medio	7195	8368
rosa claro	7221	8504
azul oscuro	7296	–
verde claro	7376	9174, 9176 o 9262
verde oscuro	7396	–
crema oscuro	7411	–
marrón oscuro	7432	9624
oro	7494	9404, 9424 o 9426
rosa oscuro	7758	8400
verde cerceta	7927	–

Bolsa de playa con barquito *(págs. 70–73)*

hilo de algodón*	DMC	ANCHOR	MADEIRA
rojo oscuro	498	1005	2502
rojo	817	39	507
azul-verdoso	926	235	1703
azul-verdoso oscuro	930	922	1707

Bolsa de tejer con ramo de flores *(págs. 74–77)*

hilo de algodón*	DMC	ANCHOR	MADEIRA
verde lima	166	279	1308
verde oliva	830	889	2112
rojo	891	35	214
rosa	956	33	409
naranja claro	977	363	2307
marrón	3031	905	1904
verde claro	3348	254	1501
beis	3782	388	1906

Monedero con flores de jardín *(págs. 78–81)*

hilo de algodón*	DMC	ANCHOR	MADEIRA
azul	519	144	1002
marrón	840	393	1913
verde	989	242	1603
rosa	3733	31	405
amarillo	3822	288	110
rosa oscuro	3832	1023	609
blanco hueso	3865	2	2403

Monedero con bandera *(págs. 82–85)*

lana de tapiz	DMC	ANCHOR
amarillo	7504	8020
blanco hueso	7510	9052
rosa oscuro	7603	8454 o 8456
rosa claro	7605	–
rojo	7666	8200
azul	7802	8788 o 8818
verde	7911	8988 o 9118

Estuche con Stanley *(págs. 86–89)*

lana de tapiz	DMC	ANCHOR
beis	7520	–
tostada	7525	–
negro	7624	9768 o 9798
gris	7626	9764
rojo	7666	8200

Funda de rayas para móvil *(págs. 90–93)*

hilo de algodón*	DMC	ANCHOR	MADEIRA
azul claro	164	1042	1210
limón	677	300	2207
beis	822	1011	1908
coral	893	27	303
verde claro	927	849	1701
rosa	3326	36	2605
azul oscuro	3768	400	1704

Funda para gafas con flores *(págs. 94–97)*

hilo de algodón*	DMC	ANCHOR	MADEIRA
rojo	349	35	410
verde	469	681	1602
blanco hueso	648	900	1709
amarillo	733	280	2111
violeta	915	65	706
rosa	3805	38	413
lila	3835	99	1808

Insignias *(págs. 98–101)*

hilo de algodón*	DMC	ANCHOR	MADEIRA
rosa claro	151	73	502
verde claro	503	875	2604
turquesa	598	1092	1101
amarillo	676	942	2013
marrón medio	841	378	1906
beis oscuro	3033	880	1907
rosa oscuro	3731	1024	610
rojo	3801	35	410
verde medio	3848	189	1108
marrón	3857	1050	2008
blanco hueso	3865	2	2403

Acerico de rosas de Provenza *(págs. 102–105)*

lana de tapiz	DMC	ANCHOR
blanco	blanc	8002
verde claro	7369	9016
verde oscuro	7386	9006 o 9020
rosa claro	7605	–
rojo	7666	8200
azul claro	7802	8788 o 8818
rosa medio	7804	8452

Pantalón de peto con florecitas *(págs. 106–107)*

hilo de algodón*	DMC	ANCHOR	MADEIRA
azul	322	131	1004
rosa oscuro	602	41	506
rosa claro	819	271	2314
marrón	840	393	1913
verde	912	205	1212
rojo	3801	35	410

Vestido de puntilla *(págs. 108–109)*

hilo de algodón*	DMC	ANCHOR	MADEIRA
crudo	crudo	2	2101
verde	368	241	1307
limón	445	802	2207
rosa oscuro	892	28	214
rosa	894	36	504
azul claro	3753	1037	2504

Corazones de lavanda *(págs. 110–113)*

hilo de algodón*	DMC	ANCHOR	MADEIRA
crudo	crudo	2	2101
rosa medio	603	62	414
marrón	840	393	1913
verde	954	203	1201
lila	3042	676	807
rosa oscuro	3804	54	611

Alfombra de rayas *(págs. 114–119)*

lana de tapiz	DMC	ANCHOR
crudo	7271	–
verde medio	7384	–
amarillo	7422	–
negro	7538	–
azul medio	7592	8836
rosa oscuro	7640	–
rosa claro	7804	8452

Tope de topos para puertas *(págs. 120–123)*

lana de tapiz	DMC	ANCHOR
rosa	7804	8452
verde	7911	8988 o 9118

Cubrevelas con velero *(págs. 124–127)*

hilo de algodón*	DMC	ANCHOR	MADEIRA
blanco	blanc	1037	2504
verde	320	215	1212
azul oscuro	334	977	910
rojo	666	1098	411
azul claro	775	158	1104
azul medio	932	1033	1710
amarillo	3822	288	110

Protector de tetera de topos *(págs. 128–133)*

hilo de algodón*	DMC	ANCHOR	MADEIRA
limón	165	293	103
rosa	603	62	414
azul	813	140	909
verde	954	203	1201
coral	3705	28	214

Punta de cerezas *(págs. 134–135)*

hilo de algodón*	DMC	ANCHOR	
crudo	crudo	2	2101
verde claro	320	215	1212
rojo oscuro	355	884	2304
verde oscuro	520	862	1514
rojo	817	39	507
rosa	962	27	414

Funda de asiento con flores *(págs. 136–139)*

lana de tapiz	DMC	ANCHOR
rosa medio	7135	–
blanco hueso	7141	9482
azul oscuro	7306	8792
verde claro	7322	8874 o 8894
gris	7331	9056 o 9064
verde	7392	–
amarillo	7473	8042
rosa oscuro	7640	–
marrón	7938	–

Cojín de silla con vaquero *(págs. 140–143)*

lana de tapiz	DMC	ANCHOR
azul	7029	–
crema oscuro	7141	9482
verde medio	7384	–
marrón medio	7415	9368 o 9392
beis	7509	9654 o 9656
marrón oscuro	7515	9662
rojo	7758	8400
verde claro	7772	9172

Cuadro de una casa *(págs. 144–147)*

hilo de algodón*	DMC	ANCHOR	MADEIRA
rojo	309	42	507
blanco hueso	543	933	305
verde	562	205	1213
rosa concha	758	336	2313
azul	826	176	910
coral	3705	28	214
rosa medio	3731	1024	610
marrón	3858	936	2311

Retrato de un vaquero *(págs. 148–151)*

hilo de algodón*	DMC	ANCHOR	MADEIRA
rojo	321	42	507
azul	334	977	910
marrón oscuro	838	905	1904
marrón claro	841	378	1906
verde oscuro	986	878	1514
verde claro	3364	859	1401
marrón medio	3772	679	402
blanco hueso	3866	2	2403

Tiendas Cath Kidston

España

El Corte Inglés Diagonal
Av. Diagonal, 617
Barcelona
El Corte Inglés

Centro Comercial Sanchínarro
C/ Margarita de Parma, 1
Madrid

El Corte Inglés Puerto Banús
Ramón Areces, s/n
Puerto Banús, Marbella

Reino Unido

Aberdeen
Unit GS20,
Union Square Shopping Centre,
Guild Square,
Aberdeen AB11 5PN
01224 591726

Bath
3 Broad Street,
Bath BA1 5LJ
01225 331006

Belfast
24–26 Arthur Street,
Belfast BT1 4GF
02890 231581

Bicester Village Outlet Store
Unit 43a,
Bicester Village,
Bicester OX26 6WD
01869 247358

Birmingham – Selfridges Concession
Upper Mall,
East Bullring,
Birmingham B5 4BP
0121 600 6967

Bluewater
Unit L003,
Rose Gallery,
Bluewater Shopping Centre,
Kent DA9 9SH
01322 387454

Bournemouth
5–6 The Arcade,
Old Christchurch Road,
Bournemouth BH1 2AF
01202 553848

Brighton
31a & 32 East Street,
Brighton BN1 1HL
01273 227420

Bristol
79 Park Street,
Clifton,
Bristol BS1 5PF
01179 304722

Cambridge
31-33 Market Hill,
Cambridge CB2 3NU
01223 351810

Canterbury
6 The Parade,
Canterbury CT1 2JL
01227 455639

Cardiff
45 The Hayes,
St David's,
Cardiff CF10 1GA
02920 225627

Cheltenham
21 The Promenade,
Cheltenham GL50 1LE
01242 245912

Chester
12 Eastgate Street,
Chester CH1 1LE
01244 310685

Chichester
24 South Street,
Chichester PO19 1EL
01243 785622

Dublín
Unit CSD 1.3,
Dundrum Shopping Centre,
Dublín 16
00 353 1 296 4430

Edimburgo
58 George Street,
Edinburgh EH2 2LR
01312 201509

Exeter
6 Princesshay,
Exeter EX1 1GE
01392 227835

Glasgow
18 Gordon Street,
Glasgow G1 3PB
01412 482773

Guildford
14–18 Chertsey Street,
Guildford GU1 4HD
01483 564798

Gunwharf Quays Outlet Store
Gunwharf Quays,
Portsmouth PO1 3TU
02392 832982

Harrogate
2–6 James Street,
Harrogate HG1 1RF
01423 531481

Heathrow Airport Terminal 3
Retail Unit 3003,
First Floor
Heathrow Airport TW6 2QG
020 8897 0169

Heathrow Airport Terminal 4
Departure Lounge,
Heathrow Airport TW6 3XA
020 8759 5578

Heathrow Airport Terminal 5
Retail Unit 2043,
Gate Level
Heathrow Airport TW6 2GA
020 8283 7963

Jersey
11 King Street,
St Helier,
Jersey JE2 4WF
01534 726768

Kildare Village Outlet Store
Unit 21c,
Kildare Village,
Nurney Road,
Kildare Town
00 353 45 535 084

Kingston
10 Thames Street,
Kingston upon Thames KT1 1PE
020 8546 6760

Leamington Spa
Unit 5,
Satchwell Court,
Royal Priors Shopping Centre, Leamington
Spa CV32 4QE
01926 833518

Leeds
26 Lands Lane,
Leeds LS1 6LB
01133 912692

Liverpool
Compton House,
18 School Lane,
Liverpool L1 3BT
0151 709 2747

Londres – Battersea
142 Northcote Road,
Londres SW11 6RD
020 7228 6571

Londres – Chiswick
125 Chiswick High Road,
Londres W4 2ED
020 8995 8052

Londres – Covent Garden
28–32 Shelton Street,
Londres WC2H 9JE
020 7240 8324

Londres – Fulham
668 Fulham Road,
Londres SW6 5RX
020 7731 6531

Tiendas
Cath Kidston

Londres – Harrods Concession
Knightsbridge,
Londres SW1X 7XL
020 3036 6279

Londres – Marylebone
51 Marylebone High Street,
Londres W1U 5HW
020 7935 6555

Londres – Notting Hill
158 Portobello Road,
Londres W11 2BE
020 7727 0043

Londres – Selfridges
Oxford Street,
Londres W1A 1AB
020 7318 3312

Londres – Sloane Square
27 Kings Road,
Londres SW3 4RP
020 7259 9847

Londres – St Pancras
St Pancras International Station,
Londres NW1 2QP
020 7837 4125

Londres – Westfield London
Level 1,
Unit 1107,
Westfield Londres,
Londres W12 7GF
020 8762 0237

Londres – Westfield Stratford
Montifichet Road,
Queen Elizabeth Olympic Park,
Londres E20 1EJ
020 8534 9676

Londres – Wimbledon Village
3 High Street,
Wimbledon SW19 5DX
020 8944 1001

Manchester
62 King Street,
Manchester M2 4ND
0161 834 7936

Manchester – Selfridges Concession
1 The Dome,
The Trafford Centre,
Manchester M17 8DA
0161 629 1184

Marlborough
142–142a High Street,
Marlborough SN8 1HN
01672 512514

Marlow
6 Market Square,
Marlow SL7 1DA
01628 484443

Newbury
35 Middle Street,
Parkway Shopping,
Newbury RG14 1AY
0163 537213

Newcastle
136–138 Grainger Street,
Newcastle Upon Tyne NE1 5AF
0191 222 1677

Newcastle – Fenwicks Concession
Northumberland Street,
Newcastle Upon Tyne NE99 1AR
0191 232 5100

Norwich
21 Castle Street,
Norwich NR2 1PB
01603 633570

Nottingham
23 Bridlesmith Gate,
Nottingham NG1 2GR
01159 413554

Oxford
6 Broad Street,
Oxford OX1 3AJ
01865 791576

Reading
96 Broad Street,
Reading RG1 2AP
01189 588530

Salcombe
74 Fore Street,
Salcombe TQ8 8BU
01548 843901

Sheffield – Meadowhall
60 High Street,
Meadowhall Centre,
Sheffield S9 1EN
01142 569737

St Albans
Unit 4,
Christopher Place,
St Albans AL3 5DQ
01727 810432

St Ives
67 Fore Street,
St Ives TR26 1HE
01736 798001

Tunbridge Wells
59–61 High Street,
Tunbridge Wells TN1 1XU
01892 521197

Winchester
46 High Street,
Winchester SO23 9BT
01962 870620

Windsor
24 High Street,
Windsor SL4 1LH
01753 830591

York
32 Stonegate,
York YO1 8AS
01904 733 653

Para información actualizada de todas
las tiendas Cath Kidston, visite:
www.cathkidston.com

Agradecimientos

Muchas gracias a Lucinda Ganderton y a su equipo de bordadoras: Karen Belton, Shirley Cross, Jane Fowler, Lis Gunner, Alison Hadfield, Sandra Hubbard, Phyllis Johnson, Sheila Meen, Lynda Potter, Jen Russell y Janice Spooner por hacer todos los proyectos; y también a Pia Tryde, Laura Mackay, Elisabeth Lester, Elaine Ashton y Caroline Bell. Gracias, asimismo, a Helen Lewis, Lisa Pendreigh, Katherine Case y Bridget Bodoano, de Quadrille.

Cath Kidston

Título original: *stitch!*
Dirección editorial: Anne Furniss
Dirección artística: Helen Lewis
Dirección de proyecto: Lisa Pendreigh
Diseño: Katherine Case, Laura Mackay
Fotografía: Pia Tryde
Ilustraciones: Bridget Bodoano, Joy FitzSimmons
Proyectos y asesoramiento técnico:
Lucinda Ganderton, Karen Belton, Shirley Cross, Jane Fowler, Lis Gunner, Alison Hadfield, Sandra Hubbard, Phyllis Johnson, Sheila Meen, Lynda Potter, Jen Russell, Janice Spooner
Traducción: Carmen Font Paz
Revisión técnica de la edición en lengua española: Isabel Jordana Barón
Coordinación de la edición en lengua española:
Cristina Rodríguez Fischer

Primera edición en lengua española 2014

© 2014 Naturart, S.A. Editado por BLUME
Av. Mare de Déu de Lorda, 20
08034 Barcelona
Tel. 93 205 40 00 Fax 93 205 14 41
E-mail: info@blume.net
© 2010 Quadrille Publishing Limited, Londres
© 2010 del texto Cath Kidston
© 2010 de la fotografía Pia Tryde

I.S.B.N.: 978-84-15317-84-5

Impreso en China

WWW.BLUME.NET

Este libro se ha impreso sobre papel manufacturado con materia prima procedente de bosques de gestión responsable. En la producción de nuestros libros procuramos, con el máximo empeño, cumplir con los requisitos medioambientales que promueven la conservación y el uso sostenible de los bosques, en especial de los bosques primarios. Asimismo, en nuestra preocupación por el planeta, intentamos emplear al máximo materiales reciclados, y solicitamos a nuestros proveedores que usen materiales de manufactura cuya fabricación esté libre de cloro elemental (ECF) o de metales pesados, entre otros.